JN075088

高校クラス担任の基本とQ&A

正解は1つではない

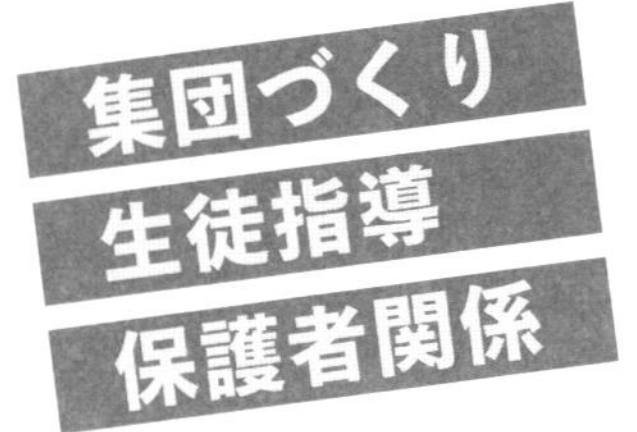

はじめに

日々の教育活動の中で、高校の若い先生方がホームルーム経営や生徒指導、保護者対応などについて悩むことは多々あると思います。そんな先生方の悩みを解決する一助になればと考えて、本書を作りました。本書の特徴の1つは、多様な考え方をもつ高校教員の共著ということです。ひとりの高校教師が自身の実践をまとめた本ではありません。複数の教師の経験や実践を集めてその中から共通することを抽出し、普遍的・本質的な事柄を整理してまとめました。これは、序章「高校クラス担任の基礎・基本」として、10のテーマにまとめています。

もう1つの特徴は、サブタイトルにあるように「正解は1つではない」というコンセプトです。共著を書く上で、意見が異なる場合も多々ありますが、教師の仕事において「正解」はありません。様々な状況によって対応できる「判断力」や「考え方」を読者のみなさんが身に付けられるよう、あえて様々な考えもそのまま載せています。これは、第1章から第4章に掲載しています。

第1章から第4章は、担任がよく直面する事例・悩みに対して、複数の執筆者が回答しています。読者のみなさんは目次を見て、ご自身の悩みに近い「事例」を探してアドバイスを読んでみて下さい。1つの事例につき3つの回答がありますので、ご自身が納得できる回答や、解決の糸口になるようなアドバイスを選んで悩みの解決に向けて活用してください。

若い先生だけでなく、よりよい担任の仕事を目指す先生方にもぜひ参考にしていただければ幸いです。

「高校クラス担任の基本とQ＆A～正解は１つではない～」

目次

はじめに…………… 2

序章　高校クラス担任の基礎・基本 …………… 5

担任って何？　～高校クラス担任の機能と役割～ …………… 6
担任の一日　～出勤から退勤まで～ …………… 8
担任の一年　～年間を見通した視点をもとう～ …………… 10
行事は目的を意識する①　～文化祭編～ …………… 12
行事は目的を意識する②　～修学旅行編～ …………… 14
話し合いの基本　～合意形成や課題解決のための方法～ …………… 16
担任の生徒指導　～一人ひとりを知ることからはじめよう～ …………… 18
保護者との関係　～同じ方向を向いて生徒に寄り添う～ …………… 20
進路指導・キャリア教育　～将来を切り拓く一歩～ …………… 22
書類作成を効率的に　～目的の達成につながる書類作成～ …………… 24

第１章　集団づくりの悩み …………… 27

事例 1…入学からしばらくたっても人間関係が広がらない
事例 2…高校1年生のクラスに、無気力な生徒が一定数いる
事例 3…反抗的で高圧的な生徒がいてクラスの雰囲気が悪くなっている
事例 4…昼休みにひとりでお昼を食べる生徒が何人かいる
事例 5…中学校時代の担任や隣のクラスの担任と比べてくる生徒がいる
事例 6…遅刻をしたり、教員によって態度を変えたりする生徒が出てきた
事例 7…異動してきたばかりの担任を試す生徒に振り回されている
事例 8…掃除当番をさぼる生徒にクラス内から不満が出始めている
事例 9…空気を読み合って授業中にやたらとふざける生徒たちがいる
事例10…文化祭の企画を安易なもので済ませようとする
事例11…すべての連絡をSNSで済まそうとする生徒たち
事例12…文化祭の準備を巡ってクラス内で対立が起きている
事例13…文化祭の準備にまったく関わろうとしない生徒がいる
事例14…文化祭の準備に手を出しすぎてしまい、非難の矛先になってしまった
事例15…リーダーのやる気が空回りし、クラスの雰囲気が悪くなってしまった
事例16…リーダーが固定化してしまい、委員をしたくてもできない生徒がいる
事例17…やる気はあるがリーダーとしての資質が足りない生徒が委員をしている
事例18…クラスの人間関係が固定化し、修学旅行の部屋割りで不満が出ている
事例19…音楽祭の前にグループ同士の対立が起きてしまった
事例20…何もかも担任頼みで自分から動こうとしない生徒がいる

第２章　生徒指導の悩み …………… 69

事例21…不登校経験ありの生徒が連休明けから学校に来なくなってしまった
事例22…何度注意しても忘れ物をしてしまう生徒がいる
事例23…校則を守らない生徒がいるが、厳しく指導をすべきか悩んでいる
事例24…学校では問題がないが、家庭での行動が心配な生徒がいる
事例25…小学生のように幼い行動をとり、周りに迷惑をかける生徒がいる
事例26…遅刻を正当化し、開き直っている生徒がいる
事例27…社会人と交際し、学校生活に無気力になっている生徒がいる

事例28…部活動が生活の中心で、成績が下がり始めている生徒がいる
事例29…保健室に居場所を見出し、頻繁に教室を抜け出す生徒がいる
事例30…自分の行動が周りに与える影響を気にせず、ノリでふざける生徒がいる
事例31…「友達だから何をしても許される」と思っている生徒がいる
事例32…友人の軽い一言で傷ついた生徒が学校を欠席してしまった
事例33…掃除当番を巡って生徒たちがトラブルになってしまった
事例34…学校以上にアルバイトに入れ込んでしまっている生徒がいる
事例35…順位へのこだわりが強く、勉強や部活動で自信をなくしている生徒がいる
事例36…自閉症スペクトラム障害で特別なサポートが必要な生徒がいる
事例37…授業への焦りからリストカットをしてしまう生徒に悩んでいる
事例38…学校を休みがちで、卒業できなくなりそうな生徒が投げやりになっている
事例39…進路指導で大学に行かずに起業したいと言い出した生徒がいる
事例40…家庭内のスマホルールを冷やかされて悩む生徒がいる

第３章　保護者関係の悩み …………… 111

事例41…最初の保護者で何をしたらよいのかわからなくて不安でいっぱい
事例42…保護者会を実りのあるものにするにはどうしたらよいのかわからない
事例43…不登校気味の生徒の保護者が成績に関して無理な要求をしてきた
事例44…担任のせいで学校に行きたくないと、保護者が言い張って譲らない
事例45…外国籍の生徒の保護者とコミュニケーションが取れず困っている
事例46…発達障害が疑われる生徒と、それを認めない保護者
事例47…親が無関心で放任され、だんだん生活習慣が乱れてきた生徒がいる
事例48…個別に細かい要求をしてくる保護者がいる
事例49…進路に関する面談で母親が話し続けてしまい、本人の希望が聞けない
事例50…生徒のカンニングを巡って保護者と関係がこじれてしまった

第４章　職場・仕事関係の悩み …………… 133

事例51…仕事量の多さにぐったりしてしまい、将来も不安でいっぱい
事例52…早く帰りたいけれど、周りの先生が残っていて帰りづらい
事例53…若手に仕事が丸投げされ、仕事量の偏りに不満を感じる
事例54…先輩からの「好きにやっていいよ」がどういう意味なのかわからない
事例55…仕事後や休日に先輩に誘われて、気が乗らないが断りにくい
事例56…わからないことについて先輩に相談するタイミングがわからない
事例57…周りがみんな忙しそうで、誰に聞いたらよいかわからない
事例58…周りの先生が何かとPC の使い方を聞いてきて時間を取られてしまう
事例59…隣の先生が、他の先生の情報を一方的に吹き込んでくる
事例60…折に触れて昔話をしたがるベテランの先生がいる
事例61…前任校の自慢や勤務校の悪口ばかり言ってくる同僚がいる
事例62…こんな仕事がやりたくて教師になったわけではない

参考資料　①高校クラス担任の一年…………… 26
②高校クラス担任の一日…………… 68
③将来に関するアンケート（生徒向け）…………… 110
④個人面談事前アンケート（保護者向け）…………… 132

第1 ～4 章事例回答者の紹介…………… 158
おわりに…………… 159

高校クラス担任の基礎・基本

担任って何?

～高校クラス担任の機能と役割～

1　担任はなぜ存在するのか？

「担任」の存在は高校だけではありません。小学校にも中学校にも大学にも担任がおかれています。

発達段階に応じて生徒をサポートをするため、また、生徒個人及び生徒集団を育成するために担任が存在します。担任はマネージャーでありコーディネーターでありサポーターでもあると言えます。

2　発達段階で見る高校生

高校の教員は専門教科を教えるとともに、多くの場合、担任を受けもちます。担任が本来備えている働き（機能）とは何かと言えば、生徒の成長を支え、生徒をサポートすることです。

高校生を発達段階で見ると、批判力が高まり、自らの力で物事を決めたり問題を解決したりすることが可能になる頃です。大人と対等な立場で考え、行動する生徒もいますし、社会に出たときに考え、行動できる力を身に付ける時期でもあります。他方で、問題行動に走る生徒が現れることもあります。担任は、様々な場面で対応することになります。

3　担任の役割

生徒が抱える悩みや疑問は膨大な量になります。担任はそれらについて、時には一緒に考え、時にはアドバイスをするなどして、問題の解決を図ります。生徒個人の問題の場合もあれば、クラス全体の問題である場合もあります。人間関係に関する問題、学業に関する問題、卒業後の進路に関する問題、家族の問題、人生に関する問題など、解決すべき問題はたくさんあります。これらの問題に対し、解決に向けて生徒に寄り添いながらサポートします。最終学年では進路を決める相談にのったり、調査書を記入したりして進路先にバトンを渡すことも重要な仕事です。

具体的な場面としては、個人面談やグループ面談のほか、廊下で話しかけられたり、清掃時間に立ち話をしながら相談を受けたりすることもあります。逆に、担任から生徒に話題を投げかけたり、質問したりすることもあります。学校生活のあらゆる場面で気になることがあれば、生徒に声をかけましょう。この繰り返しによって、小さな問題でも発見することができ、一緒に解決に向かうことが可能になります。

4　担任の心構え

高校生は自分の権利を主張し、自ら考えて行動するようになりますから、教員は生徒の主体性を尊重することが重要です。しかし、主体性を尊重することは、放任することではありません。あくまでも生徒の考えや希望を尊重しながら、それでも誤った考えや行動が見られる場合には、生徒が理解・納得できるよう、丁寧に説明・説得する必要があります。

そのためにも、担任は生徒との人間関係の構築が必要不可欠です。

さらに、クラスで起こる問題を担任が一人で抱え込まず、同僚とチームを組んで取り組むことが重要になります。

参考になる本

堀　裕嗣著「学級経営10の原理100の原則」(学事出版)
栗田正行著「高校教師の学級経営」(明治図書)

担任の一日

～出勤から退勤まで～

1　担任の一日の仕事

担任の一日には、生徒の成長を促すためのサポートや、生徒が安心して学べるようにするための様々な仕事があります。教室で行う基本的な業務は、朝と帰りのSHR、休み時間・昼休み・放課後の指導、清掃指導です。

生徒と直接話しながら行うこともあれば、授業の合間に行う提出物の準備や整理もあります。また、保護者への連絡も担任の仕事の１つです。いずれの仕事も、生徒や保護者の気持ちに寄り添いながら、クラスや学年の状況に応じて対応します。

2　基本的なTODO（例）

＜出勤時＞

・事前に欠席や遅刻の連絡を受けている生徒を確認する

・管理職や学年からの連絡事項を確認する

＊生徒への伝達事項と提出物の締め切り、緊急性の高い事項については、学年で共有し、確認しましょう。

＜朝のＳＨＲ＞

・生徒の出欠席、体調や顔色等をチェックする

・生徒に連絡事項を伝達し、提出物を回収する

・掃除分担を確認する

・日直の生徒へ日直日誌を手渡す

<休み時間や昼休み、清掃の時間>
・個別に声をかけ、人間関係や体調の変化などを観察する
・一緒に清掃をしながら、生徒の会話に耳を傾ける
<帰りのSHR・放課後>
・回収物等を整理し、日直日誌にコメントを記入する
・欠席連絡のない時や、心配事がある場合には保護者に電話する

3　生徒と対話する工夫

（1）日直日誌

日直日誌を記入した生徒が翌日職員室に取りに行き、次の生徒に手渡すようにします。こうすることで、生徒が自分の書いた内容に対する担任からのコメントを読む機会になり、生徒との対話が生まれます。

（2）個人面談

個人面談の前には、生徒全員に学習面で困っていること等を尋ねるアンケートを配り、当日持参させます。これによって、生徒の考えが視覚化され、スムーズに面談を行うことができます。

また、面談期間を問わず、必要に応じて個別面談を行います。長くかかりそうな場合には放課後に時間を取ります。

4　一日の仕事を効率的に行う工夫（例）

・出勤時に、学年会議でメモした内容を振り返る
・授業のない時間帯に何をするかをあらかじめ決めておく
・紙や付箋紙に一日のTODOリストを書き、優先順位を決める

参考になる本

金田諦應著『人の心を動かす傾聴のコツ　話を「否定せず、遮らず、拒まず」』（三笠書房・知的生きかた文庫）

担任の一年

～年間を見通した視点をもとう～

1　担任の一年の仕事

担任は、生徒（個）とクラス（集団）の成長や変容を間近で見ることができる仕事です。高校には年間を通して時期ごとに様々な行事があります。これらの行事や活動の中で生徒と関わり、一人ひとりの成長をサポートします。

その際、何をねらいとしてこの活動をするのか明確な目的をもちながら進めることが重要です。意図的・計画的な活動をすることで生徒もクラスもよりよく成長します。どの場面でどのような力を身に付けることができるのかを担任が把握し、見通しをもって生徒に向き合いましょう。

2　一年を通して生徒をどう育てるか

例えば、文化祭で育てたい力を「他人に働きかけ巻き込む力」と設定した場合、「いつ」、「だれが」、「どのような場面で」、「どんな風に」など、具体的な活動に落とし込んでいきます。部活動とは異なり、好むと好まざるとによらずに集まった集団の中で、多様性や個性をお互いに尊重しながら、かつお互いが安心して時間を送り、成長するためには何ができるのか。まずは年間行事予定表を手元に準備し、年間の行事ごとに目標を確認していきましょう（行事ごとの目標の立て方や目標の例は、高校ホームルーム経営研究会編『ホームルーム経営計画ノート』に掲載しています）。

3　年度初めの留意点

① 学年の最初の１週間…生徒の自己紹介、係や委員決め、ホームルームの目標の決定などを分刻みのスケジュールの中で行います。TODOリストを作り、計画や方法を考えておきましょう。

② ホームルーム開き…生徒が安心して１年間を過ごすために、出会いは重要です。担任の自己紹介に始まり、今年度のホームルーム経営方針などを伝えます。どのようなクラスにしたいのかが十分に伝わるよう、整理しておきましょう。事前にホームルーム通信に書いてまとめておくことで、慌ただしい中でも伝え忘れはなくなり、家庭とも情報や思いを共有できます。

③ ルールの設定…教室内で気持ちよく過ごすためのルールを決めます。決めたルールは原則変えず、安易に追加しないことが大切です。厳しすぎるルールやルールの形骸化は担任への不信感につながります。

④ 教室環境の整備…一年間過ごす大切な場所。年度や学期はじめの整備（過不足の確認、破損した箇所の修理など）は生徒目線で手を抜かず行い、事務職員や主事の方とも定期的に情報交換をしておきます。

⑤ 年間の計画立案とその記録…年度初めには、手帳を用意しましょう。年度初めに配布される年間行事予定をもとにして年間、月間、週間単位での計画を立てましょう。また、その結果などを記録しておくと、来年の行事や、今後学年担任をする際にアーカイブとなり役立ちます。特に、行事や面談の時期、準備したこと、実施内容の反省や改善点は役に立ちます。

参考になる本

佐々木基『高校教師 これだけはやっておきたい黄金の三日間』（明治図書）

行事は目的を意識する①
～文化祭編～

1　文化祭の目的と担任の役割

文化祭の目的は、生徒たちが日々の学習の成果を総合的に生かしながら、集団で１つのものを作り上げる経験を通し、多様な資質・能力を獲得することです。担任は、この目的が達成されるようにサポートしていきます。生徒の活動は企画の内容により様々ですが、サポートすべきポイントはある程度決まっています。以下で確認していきましょう。

2　準備の基本

まず、どんな文化祭にしたいのか、生徒たち自身の理想を共有する場を作りましょう。この時点で、「みんなの思いが達成できるような企画にすること」を約束事として提示しておくと、後に方向性に迷ったときに修復する指標となります。文化祭の目的を踏まえ、「集団で１つのことを達成する経験をしてほしい」という思いを伝えましょう。

次に、実行委員などのリーダーを集めて、「当日までの作戦」と「企画内容の決め方」について話し合わせます。校内のルールや企画書の様式もここで確認します。目的を達成するためには、企画策定から全員で動くことが大切です。例えば、希望する企画ごとに企画書を書かせ、プレゼン発表のあとに投票させるなどの工夫が考えられます。

企画が決まったら、「班」を作ります。全体で話し合うのもよいですが、企画書を書いたメンバーに素案を考えさせるのも効果的です。

班編成が決まったら、ガントチャート等の計画表を班ごとに作成させます。計画表を配布する時点で、担任の予定をあらかじめ記入しておきます。各班の計画が破綻していないか、他の班との連携がうまくとれているか等を話し合う場として、各班の班長とリーダーで編成された定期的な会議を放課後等に設定します。班ごとの進捗を確認し、全体に周知するようにすると、リーダーの生徒も動きやすいようです。

3　文化祭指導の留意点

担任として、自分のクラスの企画には熱が入ってしまい、意見を言いたくなることもあります。そんな時は、目的を思い出しましょう。生徒が考えた方法で、試行錯誤を繰り返していくこと自体に文化祭の意義があります。各班の計画表の進捗状況を踏まえ、手助けが必要な生徒がいたら、まずは困ったことがないか聞いてみましょう。その上で、周りの生徒たちにサポートできる方法を考えさせます。企画の内容や生徒の動き方に応じて、つかず離れずの距離を保ちながら見守ることが大切です。

4　担任の心構え

文化祭後には必ず、自己の振り返りと他の生徒へのフィードバックをさせるLHRを設けます。記憶が新しいうちに、自分が得意なことや苦手だけど頑張ったこと等を他の人の意見からも考えさせましょう。

文化祭を通して生徒が身に付ける力は、企画や役割によって千差万別です。それゆえに、担任の指導にも試行錯誤が求められます。生徒たちが将来「あの時の経験が役立った！」と思える文化祭を目指しましょう。

参考になる本

文部科学省　国立教育政策研究所「学校文化を創る　特別活動（高校編）」
中原淳監修／舘野泰一・高橋俊之編著「リーダーシップ教育のフロンティア　研究編」（北大路書房）

行事は目的を意識する②

～修学旅行編～

1　修学旅行における担任の役割

生徒にとっては、学校生活のメインイベントとも言える修学旅行。担任にとっては、準備段階から生徒と関わり、生徒理解を深め、生徒同士のつながりを見るチャンスです。生徒に委ねられる部分は思い切って任せ、自分たちで「修学旅行を作る」意識をもたせましょう。例え少々の失敗があっても、行事の成果は、生徒が自分自身の成長を感じられるかどうかで決まります。

2　準備の基本

まずは修学旅行の目的を自分自身が理解しているか、確認しましょう。学年(や学校)で決めた行事の目的を、担任として、自分の言葉で生徒に伝えられますか？「修学旅行が終わったあとで、こういうクラスになっていてほしい」などと伝えることで、生徒にもただの観光旅行ではないと伝わるはずです。

次に学年の担当者に事前指導の進め方を確認し、クラスでできることを洗い出しましょう。事前指導の大半は、調べ学習のテーマ選定、班別行動の班編成、宿泊先の部屋割など学年共通の準備ですが、ここでも担任として育てたい力を常に念頭において取り組ませることが大切です。宿泊行事の目的を念頭に行程表を見て、この場面ではこういう力をつけさせたい、というざっくりしたシミュレーションができればなお良いと思います。

3　宿泊行事の留意点

部屋割りは生徒にとって重大問題です。旅行中「こんな人たちと一緒にいられない」と夜中にキャリーバッグを引いて部屋を出てきてしまった生徒も‥‥。部屋割りや行動班の編成など、生徒は気の合う者同士で固まりがちです。我慢を強いられる人がいる一方で、楽しげにふるまう人がいるのはクラスの居心地の悪さにつながります。みんなが楽しむため、生徒同士で相談して折合いをつけられるよう指導します。とは言え、担任の介入が必要なこともあるでしょう。そんなときは①大人数の部屋割、②宿泊地ごとの部屋割、③同じ宿泊先でも部屋割変更、④行動班も含めた見直しなど、工夫してみましょう。

4　担任の心構え

旅行の成否は丁寧な事前指導が左右します。担任が先回りするのではなく、生徒に任せられる部分は任せて生徒全体の動きを見守りましょう。問題が起きたときは、個人ではなく全体に向けて「修学旅行の目的を思い出してほしい」と伝えたほうが効果的です。

事後指導も大切です。「楽しかった」で終わらせず、学んだことや反省も含めて振り返らせましょう。文集やレポート作成に限らず、宿泊先や協力してくださった方々への礼状を作成し、感謝の気持ちを伝える形もよいと思います。

修学旅行は準備期間も長く、宿泊を伴う特別な行事です。指導のメリハリを心がけ、生徒が思い切り楽しめる場面を作りましょう。生徒の成長が実感できる、良い思い出となる修学旅行にしたいものです。

参考になる本

赤坂真二監修／片桐史裕著『学級を最高のチームにする！365日の集団づくり 高校』(明治図書)

上山晋平著『高校教師のための学級経営　365日のパーフェクトガイド』(明治図書)

話し合いの基本
～合意形成や課題解決のための方法～

1　集団生活に欠かせない話し合い

高校は、生徒が自発的・自治的に活動することが期待される場であり、行事のための合意形成や、クラスの課題を解決するために、話し合いは欠かせません。生徒自身が進行役となった話合い活動を実施するためには、それを支える担任のサポートも重要です。

2　話し合いの準備

・人の話を聞くことのできる環境を整える

まずは、人の話を聞けるようになることが基本中の基本です。朝や帰りのSHRで担任が話し始めたら、手を止めて話を聞く習慣を生徒たちに身に付けさせます。

次に、係の生徒等が話しているときでも、全員で集中して話を聞くことのできるクラスを目指します。声の小さな生徒の発言や、自分には関係のない連絡でも、誰かが話し始めたら聞く、この習慣を身に付けてほしいという担任の思いを、年度初めに宣言します。

・話し合って決まったことへの協力を約束させる

文化祭の企画や、球技大会の学年種目など、多数決で決めてもあとになって「本当は〇〇のほうが良かったのに」と言い出す生徒もいます。しかし、「話し合いで決まったことには協力する」。これをクラスの約束事とすることで、真剣に話し合うようになります。

・話し合いのための時間と空間を準備する

話し合いに慣れるまでは、活動のための場所と時間を確保します。

場所は教室、時間はLHRが最適です。話し合いの場には担任も同席します。

・進行役の生徒と打ち合わせる

スムーズな話し合いのために、進行役と話し合いの流れを事前に確認しておきます。「これから…」といった言い出しの言葉も決めておくとよいでしょう。資料や付箋紙など、必要なものがあれば事前に準備します。

3 話合い活動の実際

以下に、ホームルームでの活動に役立つ話し合いの仕方を紹介します。話し合い方は、テーマに合わせて使い分けましょう。

①バズ・セッション

集団討論のこと。テーマを決めて４～６人の小グループで話し合い、最後にグループごとの結論を発表し合う。(例)「どんなクラスにしたいか」

②ブレインストーミング

アイデアをたくさん出し合って、有効なものを探し出し問題解決のきっかけにしたり、役立てたりする。(例)「文化祭のクラス企画」

③シンポジウム

発表者が、順番と発言時間を決めて2回、3回と繰り返し意見を述べる。(例)「進路の決定した3年生による効果的な受験勉強法について」

④パネル・ディスカッション

数名のパネラーが議題についてディスカッションを行ったあと、フロアとも意見交換する。(例)「人事担当者が語る企業が求める人材とは」

※①②は、発表者・記録者・計時係をあらかじめ決めておくと進行しやすい。

※③④は、教師が進行役を担う。

生徒たちが活躍する未来は、価値観の異なる考えを理解し合い、多様な意見を調整し合うことが必要な社会です。そこで必要なことの全ては、教室での話し合い活動に始まるのです。

参考になる本

片山紀子編著／森口光輔著『できてるつもりのアクティブラーニング』(学事出版)

担任の生徒指導

〜一人ひとりを知ることから始めよう〜

1　「生徒指導」とは何か

「生徒指導」とは、「一人一人の児童生徒の人格を尊重し、個性の伸長を図りながら、社会的資質や行動力を高めることを目指して行われる教育活動のこと」（生徒指導提要）です。つまり、生徒が充実した学校生活を送ることができるように、担任が一緒に行う教育活動全般を指します。しかし、一般的には「問題行動を起こした生徒の指導」を指して使われることもよくあります。

生徒指導は、異なる能力、適性、興味・関心をもった生徒一人ひとりについて理解の深化を図り、多面的・総合的に理解していくことが重要です。生徒の日頃の言葉に耳を傾け、敏感に感じ取り、教員と生徒の信頼関係を築くことは、生徒指導を進める基盤となります。また、人間関係を主体とし、豊かな集団生活が営まれる教育的環境の形成は、生徒指導の充実の基盤であり目標となります。

2　年間に行う生徒指導の場面

必ず行う生徒指導の場面として、生徒との個別面談があります。年度初めに年間行事予定表を見ながら、学年団で面談期間を確認しておきましょう。そして、生徒と対面する前に顔写真表を作り、顔と名前が一致するように覚え、声をかけられるようにします。それは、生徒の居場所を学校に作り、自己肯定感を高め、問題行動を防ぐことにつながります。

校則については、学校ごとに内容が異なります。あらかじめ、どのような場合に校則違反となり、謹慎等になるのかについて、生徒や保護者に周知させます。なお、担任が保護者全員と顔を合わせることができる機会は、入学式など限られています。入念に準備しておきましょう。

3　学年団で行う生徒指導

生徒の生きる力を育てるためには、集団指導と個別指導の両方が必要です。その際、生徒に不平等感を与えないこと、つまり、生徒によってまた教師によって、指導の差を作らないことが大切です。学校には様々な課題を抱えた生徒がいます。中学校からの連絡等をもとに、学年の担任団と相談し、配慮が必要な生徒については、共有し、指導の方針について共通理解をしておくことが大事です。さらに、スクールカウンセラーとも状況に応じて連携できるとよいでしょう。

教員の性格や指導方法・技術は一様ではありませんが、教育目標や方向性の共通理解は必要です。それが無ければ、生徒の不信感につながり、教育効果も期待できません。

4　担任の心構え

生徒指導には、生徒に成長を促す指導、予防的な指導、課題解決的な指導がありますが、高校では、生徒に反省を促すための「謹慎指導」や、場合によっては「退学」をさせるケースもあります。問題行動が起きたときには、担任が生徒・保護者・生徒指導部との間に立ち、やり取りをすることになりますから、校内研修や自己研修などで基本的な知識や指導方法・技術を身に付けておきましょう。

なお、生徒に関わる内容は、安易に漏らさないように注意が必要です。

参考になる本

文部科学省「生徒指導提要」(平成22年3月作成)

保護者との関係
～同じ方向を向いて生徒に寄り添う～

1　保護者と関わるスタンス

保護者の方が「うちの子は、家では××なのに、学校では○○なのですか」と驚く場面があります。生徒は学校と家庭で違う顔をするものです。このように、担任と保護者で生徒を見ている環境は違っても、生徒の成長を願う気持ちは同じです。担任と保護者の中心に生徒を置いて、生徒を見守り育てるスタンスで関わりましょう。

担任　生徒　保護者

2　保護者と交流する場面

保護者と交流する場面のポイントを示します。

(1) **入学式・卒業式**：生徒の入学・卒業をともに喜びつつ、保護者の方に協力してほしいことを伝えたり、感謝したりしましょう。

(2) **欠席連絡**：事務的なやり取りにせず、日頃の生徒の様子などを伝えると、学校の様子が伝わって保護者が安心することがあります。

(3) **HR通信**：担任から保護者に、学校や生徒の様子を伝えることができます。通信の端に保護者のコメント欄を設け、切り取って提出できるようにしておくと、感想や意見・要望などを知ることができます。

(4) **保護者会**：学校や担任が保護者に情報を伝える場であり、保護者の日頃の思いを受けとめる場でもあります。「保護者会のお土産」となるような資料や話し合いの機会を設定するとよいでしょう。

(5) **三者面談**：事前に生徒と二者面談をしておき、当日は保護者と生徒の両方の言い分を聞きましょう。話の内容は、①学校でしか見せない様子を褒めること②さらに励ますことの両方を用意しておきましょう。

これまでの生徒の様子を近くで見てきたのは、担任ではなく保護者です。学校の様子からは理解できない生徒の問題行動やこだわり、考え方などは過去の経験に影響を受けていることもあります。保護者に教えてもらうつもりで少しずつ聞いてみるとよいでしょう。

3　保護者と接する際に注意すること

保護者は、担任の言葉づかいや振る舞いなどを、意外とよく見ているものです。親しくなりすぎても事務的すぎても、信頼関係は築けません。自分自身と保護者の世代や価値観の違いを意識しつつ、適度な距離感を保ちましょう。特に電話でのやり取りは、表情や反応を感じ取りにくく誤解を与えてしまうこともあります。周りに学年主任や管理職がいる環境を選んで、対応の様子を聞いてもらうつもりで話しましょう。トラブルが起きた際にも決してひとりで全てを抱えようとせず、学年主任やベテランの先生に相談したり、管理職に早めに報告をしたりして、慎重に対応していくことが大切です。

4　担任の心構え

保護者から過度な要求をされ困惑する場面もあるでしょう。その際は、クレーム対応をしなければならないと思うのではなく、保護者の考えや思いを想像してみましょう。あなたが結婚・出産・子育てを経験したかどうかは関係ありません。あなたが大切な人を守るときのように、保護者が生徒と接しているのだと想像して、真摯に向き合うことが大切です。

参考になる本

中嶋郁雄著『新任3年目までに身につけたい保護者対応の技術』（学陽書房）

進路指導・キャリア教育

～将来を切り拓く一歩～

1 「キャリア教育」の定義

高校卒業後の進路選択に関する指導は、かつては狭義に「出口指導」ととらえられてきました。しかし、平成30年告示の学習指導要領から、「キャリア教育」は「学ぶことと自己の将来とのつながりを見通しながら、社会的・職業的自立に向けて必要な基盤となる資質・能力を身に付け」「自己の在り方生き方を考える活動」と定義されています。

2 担任が行うキャリア教育

ホームルーム活動は、各教科・科目の指導とは異なり、学校の教育活動全体で行うキャリア教育の要とされています。担任がキャリア教育を通して、生徒の資質・能力を育むためのポイントを３点示します。

（1）学校における活動を記録させて対話を行う

学校行事等の前後のLHRに、目標や活動内容、感想などの記録をワークシート等に記入させて蓄積させましょう。生徒自身が活動を振り返る材料になるだけでなく、担任がコメントを書いたり日常的に声をかけたりすることで、生徒の様子を知ることができます。

（2）他者との関わりの中で、自身が果たした役割を認識させる

担任からだけでなく、クラスメイトから指摘してもらうことで、生徒自身が気づかなかった役割や適性に気付くことができます。

（3）「進路選択」に関する情報を正しく提供する

大学・短期大学・専修学校、企業・事業所等の情報はホームページやパンフレット等に載っています。それに加えて担任からも、生徒自身の適性や希望に合うように、適当な時期に適切な情報を提供すると効果的です。教室に関連する書籍や雑誌を置いたり、掲示板や教室の廊下などに上級学校の情報や企業の求人状況等を掲示したりと工夫をしてみましょう。

3　ホームルーム活動と将来をつなぐキャリア教育

「キャリア教育」を実践するにあたり、進路担当教員だけが進路関係行事を実施するだけでは足りません。各担任がホームルーム活動を通して、生徒自身の変容（考え方や行動の小さな変化）が起こるような工夫をする必要があります。生徒には、担任を含めた大人の生き方や働き方に触れさせ、身近なロールモデルを見つけさせましょう。「どのような大人になりたいのか？」を漠然と思い描かせた上で、「どのように働きたいのか？」「どのような職業に就きたいのか？」を考えさせます。それぞれが描いた将来像から現在へとさかのぼって考えたことを他者と共有し、目標や夢を宣言するのもいいでしょう。

4　担任の心構え

生徒は、進路選択について人生を決める一大決心と考えがちです。担任は、生徒のこれまでの活動記録や対話から、興味・適性がどの分野の学問で、職業としてどの職種になるのかを一緒に考えましょう。ただし、全ての学問や職業を知っているわけではないという前提で、生徒の選択を肯定的に受けとめつつ、現実的な課題（学費・立地・実現可能性・保護者の意見など）を説明し、最終的な決断は生徒自身にさせましょう。

参考になる本

梅澤秀監編著『CD-Rでアレンジ自在　ホームルーム活動ワークシート』（学事出版）

書類作成を効率的に

～目的の達成につながる書類作成～

1　担任が行う書類作成

担任には、生徒や教育活動に関する書類の作成や、書類の管理といった事務作業もあります。作業自体はPCを開いてひとりで行う場合が多いですが、その作業の先には必ず生徒がいます。いま行っている作業が生徒にどう影響を及ぼすのかを想像する視点をもちましょう。

2　書類作成・管理の基本

書類の作成・管理で必ず守らなければならないルールは４つあります。

・様式の決まった書類はそれに沿って作成すること
・ひとりで作成したとしても、複数人の目でチェックすること
・提出期日は必ず守ること（※）
・個人情報が含まれる書類は取り扱いに充分注意すること

（※）外部に提出する書類に学校長の公印が必要な場合は、書類作成後に押印作業の時間が必要なので、注意しましょう。

3　フォーマットを共有する

学年毎の指導内容に統一感があることは、生徒が安心して学校生活を送る上で非常に大切なことです。例えば、個人面談の事前アンケートなどは学年で同じものを使うと、次年度以降も生徒は継続的な指導を受けやすくなります。学校や学年の教育目標を踏まえて、いま作成している資料はどのような目的で行う教育活動に関するものなのか、生徒が目標を達成する手助けになる資料はどんな形式が良いのかなど

についてよく吟味し、学年の先生方と相談するようにしましょう。

4　効率よく作業を行う

担任には、年間を通じて膨大な量の書類作成がありますので、効率よく作業を行う必要があります。以下、ポイントを４つ紹介します。

①前年度資料を確認する

役割分担が決まったら、すぐに前年の資料を確認しましょう。目的が大きく変わらなければ、微修正で十分な場合がほとんどです。

②見通しを立てる

円滑に作業を進めるために、時期ごとに必要となる資料などを表に書き出し、それぞれのデッドラインを把握しましょう。

③わからないことは相談する

進め方がよくわからないなどの不安がある場合、同じ学年団の先生や、過去に同じ役割を経験した先生に遠慮なく質問しましょう。

④次年度に向けて資料を残す

次に担当する先生のためにポイントをまとめましょう。同じフォルダ内に、良かった点や改善点を記入したファイルを残すと親切です。

余裕があれは、Excelなどの表計算ソフトを用いて、作業の効率化を図りましょう。PCが得意でない場合も、基本的な関数機能やマクロ機能については、長い教員人生を考えると挑戦して身に付けたほうが得策です。再活用しやすい資料が増えると学校全体に余裕が生まれ、大切なことに割く時間を増やせます。

ただし、大切なのは書類作成の技術を磨くことではありません。目の前の生徒を意識した書類作成を目指しましょう。

参考になる本

羽山博ほか著『できる逆引き Excel関数を極める勝ちワザ740』（インプレス）
魚住惇著『仕事がサクサク進む　教師のiPad仕事術』（学事出版）

参考資料①

高校クラス担任の一年

月	活動内容等	留意点等
4	□入学式 □クラス開き □保護者会 □オリエンテーション □健康診断	・自己紹介（自己紹介カードを用意）…回収し、掲示する ・クラス目標づくり、係・委員の選出等 ・HR 通信などを準備し、学校生活を紹介する ・各種オリエンテーション…教務、図書館、保健等 ・全校で一斉に実施するので、要領を説明
5	□体育祭に向けて □中間考査 □校外学習（遠足）	・学校行事にクラスで積極的に取り組む ・学習習慣を確立し、初めての定期考査に向けて準備させる ・仲間づくり、協力体制を作る
6	□保護者会 □体育祭 □文化祭に向けて	・保護者とのコミュニケーションは重要 ・種目の検討、団分け、応援団の結成等 ・文化祭の企画立案（生徒・担任の経験、本校・他校の例を参考）
7	□期末考査 □球技大会 □進路ガイダンス	・期末考査に取り組む（勉強会の実施等） ・レクの時間を利用して練習し、クラスの結束を図る。 ・適性検査の実施
8	□合同合宿 □文化祭の準備	・けがや事故（熱中症等）に留意する ・登校日を設けて準備にあたる
9	□文化祭	・行事をきっかけにしてクラス集団作りを進める
10	□中間考査 □進路ガイダンス	・中間考査に向けて学習意欲を喚起する ・将来を見据え、進路について考えさせる
11	□保護者会 （□修学旅行）	・第２回保護者会…意見交換を活発に行う （・年度当初から準備を行い、成功に導く）
12	□期末考査 □球技大会	・期末考査に取り組む（勉強会の実施等）、成績不振者の指導 ・クラスの結束を強める良い機会
1	□映画教室	・生徒会と協力しながら企画立案する
2	□合唱祭	・合唱祭に向けて積極的に取り組ませる
3	□学年末考査 □予餞会 □卒業式	・１年間の総まとめ…進級に向けて全力で取り組ませる ・卒業生を送る会…楽しい企画を期待する ・送られる側、送る側双方の心に残る式にしたい

＊上記の他、マラソン大会、就業体験、ボランティア活動等の行事を行っている学校も多いと思います。年間行事予定表を見て、その行事を実施するまでの間に、いつ、何を準備したらよいか逆算して考えると、ホームルーム活動がスムーズに運ぶと思います。（梅澤）

集団づくりの悩み

事例 1

入学からしばらくたっても人間関係が広がらない

4月から高校1年生の担任になりました。元気で明るいクラスになってほしいと願っているのですが、入学して2週間が経ってもなかなかクラスの中での人間関係が活発になりません。生徒の多くは休み時間になるとすぐに同じ出身中学校の友達のところに行ってしまいます。

1学期の序盤は遠足の班決めや、体育祭の種目決め等、生徒主体で決めさせたい内容が数多くあるので、クラスの中での人間関係を早く形成してもらいたいと思っています。しかし、全体の前で意見を求めてもなかなか反応がなく、とにかく今後が心配です。意見が出ない時には生徒を指名してどんどん引き出そうとしているのですがなかなかうまくいきません。どんな風にきっかけを作っていけばよいものでしょうか。

事例 *1* へのアドバイス

入学してすぐの時期のあの教室の静けさは、確かにこちらまで緊張してしまいますよね。でも、焦ってはいけません。人間関係が構築されるのには時間がかかるものですので、まずは気長に待つ姿勢をもちましょう。生徒の意見を求めるときに指名をしているとのことですが、これは控えた方がよいかもしれません。黙っていても担任がなんとかしてくれる、と思うと生徒は担任に甘えるようになります。思い切って生徒に任せてみましょう。

入学後2週間ですから、これからです。慌てる必要はありません。1か月もすれば、うるさいくらい明るく元気なクラスになりますよ。それでも不安があるようなら、レクリエーションを企画してみてはいかがですか。もちろん、ホームルーム委員に相談を投げかけて生徒の意見を汲み上げ、企画の段階からできるだけ多くの生徒が関われるようにします。きっと、生徒の元気な姿を見ることができると思いますよ。

大人同士でも最初からスムーズな人間関係は築けません。全体の場で意見が出ないなら小グループに分けて、まずは生徒同士が言葉を交わす場を作ってみてはいかがでしょう。遠足の班の決め方などを話し合わせてみるのです。「意見は短く」「人の意見を否定しない」など、話し合いのルールも伝えておけば、その後のホームルーム運営にも役立ちます。1学期のうちはクラスの土台作りのつもりで、意識して話し合いの場をたくさん作っていきましょう。

事例 2

高校1年生のクラスに、無気力な生徒が一定数いる

高校1年生の担任です。クラスの中に、学校生活に前向きでない生徒が一部います。クラスの雰囲気を悪くしているとか、暴言を言うわけではないのですが、何事にもネガティブで、無気力で、熱意が感じられないのです。

ずっと気になっていたので、私から生徒たちに話しかけてみると、「この学校は第一志望ではなかったから、無難に学校生活が終わればいいと思っている」とか「この学校に魅力を感じていない」と言われてしまいました。

このような生徒がひとりではないので、担任としては、この先が心配です。高校受験の段階で挫折した生徒が、せっかく入学した学校で、意欲的で思い出に残るような学校生活を送るために、担任として何をしてあげたらよいのでしょうか。それとも、担任が深く関わらない方がうまくいくのでしょうか、教えてください。

事例②へのアドバイス

「ネガティブキャンペーン」を張られると辛いですよね。どんな生徒でも、不慣れな高校生活に少なからず不満はあるはずです。それでも、ネガティブな発言をする生徒も含めて、このままずっとこの状態でいたいと思っている生徒はいません。面談をなさったようですが、じっくりとその生徒の思いを聞いてあげましょう。ネガティブに同意する必要も、説得する必要もありません。まずは、思いを受け止めることです。先生ご自身が、その生徒の魅力に気付くことです。

中堅校ではとてもよく見かける事例です。もし、そんな生徒たちがいまの学校に活路を見出してくれたら、こんなに嬉しいことはありませんね。まずは担任が、その生徒たちの充実した高校生活をあきらめないことが第一歩です。面談など、生徒とゆっくり話す時間が取れるときに、「第一志望校でやりたかったことの本質は何か？」を聞き、それに近いことをいまの学校で達成する方法を一緒に考えてみてはどうでしょうか。

入学時に心が傷ついている生徒が、「この学校に入学できて、みんなと出会えて良かった」と、思えるようになるかどうかは、３年間をかけた担任の勝負だと思っています。クラスの仲間作りはその大事な要素です。委員会活動や係活動など、学校に関わっている生徒ほど、学校が楽しくなるようです。その生徒の適性を見極めて、自信がつくような係や分担をもたせてはいかがでしょう。そして、学期の締めとなるLHRで、生徒たちに委員会や係の生徒に日ごろ感謝している一言を書かせると、クラスでの自己有用感が高まると思います。

事例 3

反抗的で高圧的な生徒がいて クラスの雰囲気が悪くなっている

高校１年生の担任です。入学式後のホームルームの時から、いすに正しく座っていられず、担任からの指示や連絡を聞かずに、隣の席の生徒と大きな声でおしゃべりをしてしまう女子生徒がいます。**私が注意をしても、明らかに反抗的な態度で、話を聞いてくれません。**それればかりか、この生徒から見て気の弱そうな生徒を自分に従えようと、威圧的な物言いをしています。クラスで誰かが発言をしても、大きな声でかき消したり、バカにしたような笑い方をしたりして、**クラスの雰囲気が日に日に悪くなっています。**他の生徒はそのような振る舞いを気にしないようにしているようですが、話しかけられることにおびえ、学校での居心地が悪そうで心配です。

この生徒が抱えている問題もありそうですが、クラスの雰囲気を変えるために、私は何から始めたらいいのでしょうか。

事例③へのアドバイス

学校のような「公の場」でのふるまい方を教えてあげましょう。人が話している時には聞く、いすにきちんと座ることなどは、人としてのマナーです。担任が好きか嫌いかにかかわらず、誰でも身に付ける必要がある、という切り口で迫ってみてはいかがでしょう。教室の秩序を守ろうとする担任に共感してくれる生徒は必ずいます。諦めずにしばらく続けてみましょう。その生徒との関係も作っていく必要がありそうですね。両面作戦で行きましょう。

以前、そのような生徒が問題を起こし、１対１で話をしたことがありました。その生徒が「俺が学校辞めたら嬉しいでしょう」と言ったので、「何を言っている。お前が辞めた学校はつまらなくなる。頼むから、この学校を卒業すると俺と約束してくれ」と、答えました。それ以来、学校での態度が変わり、無事に卒業しました。不満の原因は、家庭や人間関係だったりすることがあります。愛情をもち、最後まで見捨てず関わりを大事にしてください。

専門家の力を必要とするケースだと思います。まずは、「いすに正しく座っていられない」「担任からの指示や連絡を聞かずに、隣の席の生徒と大きな声でおしゃべりをする」「誰かが発言をしても、大きな声でかき消したり、バカにしたような笑い方をする」等々、日々の行動の記録を取ります。それをもって他の担任や養護教諭、カウンセラーに相談して、それぞれの場面で担任としてどんな態度で向き合えば良いか、対応策を教えていただくとよいのではないでしょうか。

事例④

昼休みにひとりでお昼を食べる生徒が何人かいる

高校２年生の担任をしています。年度初めの２週間が終わり、新しいクラスにも生徒が慣れてきたところで気付いたことがあります。先日、昼休みに教室の様子を見に行ってみると、女子生徒２名と男子生徒１名が、それぞれひとりでお昼を食べていました。他の教室に行っている生徒も数名いるようでしたが、多くの生徒はいくつかの仲良しグループに分かれて昼食をとっていました。昨年授業で見てきた様子では、３人ともそんなにひとりが好きなタイプではないように思います。ただ、それぞれの生徒と仲の良い生徒は別のクラスにいて、なかなか輪に入りづらいのだろうと推察されます。

今年は修学旅行も控えているため、この生徒たちが輪に入れるように何か工夫をしてあげたいのですが、こんなとき、先生方はどうしますか？

事例④へのアドバイス

ひとりになっている生徒がどのような理由なのかは、個別に聞かないとわからない部分もありますが、もし、輪に入りたいのに入れない状況であれば、LHRなどでコミュニケーションを図るグループワークを行い、互いのことを知る機会を作るとよいと思います。その中で、趣味の話や好きなことについて話をすると、相手のことがわかり、クラスの生徒たちとも打ち解けやすくなると思います。

新年度始まって2週間、一緒に食べている生徒同士は仲良しなのでしょうか。ひとりでいると「ぼっち」に見られるのが嫌なだけかもしれませんよ。さて、その3人ですが、それぞれに聞いてみてはいかがでしょう。ひょっとしたら輪に入って一緒に食べるよりも、ひとりで食べる方が気が楽なのかもしれません。そもそも、ひとりで昼食を食べてはいけませんか？　ひとりでいられる強さって大切だと思います。

よくクラスを観察されて、一人ひとりを大切にしようとする姿勢はとても素晴らしいです。でも、初めの２週間での判断はまだ時期尚早。打ち解けることが得意な生徒もいればそうでない生徒もいます。例えば、活動の際に好きなもの同士ではなく、抽選や、誕生日の近い順などテーマを決めたグループ作りを取り入れてみては。また、活動の中に、グループで意見を一つにまとめて発表するなど、チームでの経験をさせてみるのも良いでしょう。

事例 5

中学校時代の担任や隣のクラスの担任と比べてくる生徒がいる

高校１年生の担任です。学校やクラスに不満がある女子生徒がいます。この生徒は、中学校の時の担任を尊敬しているらしく、事あるごとに中学校の教員と比較をしてきます。先日も、「中学校のときは良かったのに」とか「あの先生は許してくれたのに」と自分の思い通りにならないことを口に出すので困っています。

中学校と高校は違うものであること、高校の指導方針などを繰り返し伝えているのですが、わかってもらえません。そればかりか、隣のクラスとの比較もしてきて、「隣のクラスの先生は厳しくないのに、うちのクラスだけ細かいことを言われてむかつく」と言うのです。

私としては、生徒のために一生懸命やっているつもりですし、期待を込めて接しているのですが、生徒はわかってくれません。生徒の不満を少しでも解消する方法を知りたいです。

事例⑤へのアドバイス

　その生徒は、中学の時の担任の先生が大好きたったのですね、そのことを肯定した上で、どんな方だったかをじっくり聞いてみてはいかがですか。その生徒の笑顔が見られるかもしれません。その生徒自身、中学と高校とでは異なることはわかっているのです、わかっているけれど、喪失感を埋めることができなくて、八つ当たりしてしまうのでしょう。「つらいよね」って共感してみては。

　「隣の芝生は青い」というように、他のクラスはよく見えるものです。また、世の中にはいろいろな人がいます。多様な人たちと調和しながら生きていくことの重要性をぜひ理解してほしいですね。「将来社会に出たときに、気に食わない人がいたらどうしますか？自分の思い通りにならない場合、どうやって解決するつもりですか？」と尋ねてみましょう。まさか、「口を利かない」というのは、解決になりませんね。

　その生徒の主張に内心、納得してしまうことはありませんか？　あるようなら、納得のできる意見は取り入れるのも良いかもしれません。ただし、その生徒の意見だけを取り入れるのではなく、例えば、学期末に「クラスのルールについて」の話し合いの場を作るのはいかがでしょう。担任としても容認できる範囲で、合意の上で次の学期のルールを設定させて、それを自分たちで守らせるという形をとると、生徒の不満も減るのではないでしょうか。

事例 6

遅刻をしたり、教員によって態度を変えたりする生徒が出てきた

高校２年生の担任です。最近、クラスで遅刻をしてくる生徒が増えてきました。１学期当初はそのようなことはなかったのですが、学校生活に慣れてきたせいか、クラスの雰囲気に順応してきたせいか、朝のHRの途中で堂々と教室に入ってきます。担任としては、いままでできていたことができなくなっていることが良くないと思うのです。

私の前では、「電車が遅れていたから遅刻した」と言い訳をしたり、「寝坊しただけ」と少し照れて言ったりします。しかし、教科担当の教員によって態度を変えているようで、興味をもてない授業では、ずっと突っ伏していることもあれば、注意をされても反抗的な態度をとることもあるようです。

この雰囲気が、荒れるクラスの前ぶれ、とどこかで聞いたことがあるので心配です。私は担任として何をしたらよいのでしょうか。

事例⑥へのアドバイス

「遅刻するな」と言えば言うほど、生徒は担任の指示を聞かなくなりますよね。電車が遅れていたことも、寝坊をしたことも、事実なのかもしれませんが、担任の指示が伝わりにくくなっていることは事実です。遅刻してくる生徒とじっくり1対1で話をする機会を設けましょう。本当は、悩んでいることや気になることがあるのかもしれません。その1つでもわかれば、生徒理解も進んで、遅刻してきたときに叱らずに済むと思いますよ。

遅刻以外の状況をみると、根の深い問題が内包されているように感じます。学校としての生徒指導に統一感はありますか？　教員により基準が異なると、生徒は簡単に見透かします。まずは学年内で、問題意識を共有しましょう。先輩方が動こうとしないのであれば、あなたが孤立したり、きつくなったりしない程度の指導に留めるのも1つの手かもしれません。

遅刻は同じ生徒が繰り返すのか、週の初めに多いのかなど、傾向は把握していますか？　授業の受け方にも影響が出ているようです。「気の緩み」は遅刻する生徒だけの問題ではなさそうですね。「遅刻厳禁！」で改善は期待できません。こんな傾向がみえるけど、自分たちで改善できないかな？　とクラスで話し合わせてはいかがでしょう。慣れることと適当にすることの区別を自分たちでつけさせたいものです。中だるみを自分たちで乗り越えさせましょう。

事例 7

異動してきたばかりの担任を試す生徒に振り回されている

４月に現任校に異動してきて、２年生の担任をしています。始業式の日に「先生、来たばっかりで大変ですよね。いろいろとわからないことがあったら何でも聞いてくださいね！」と声をかけてくれる生徒がいて、安心してスタートを切ることができました。

しかし、中間試験が近づいてきたある日、その生徒から「うちの学校では、担任の許可で試験期間の掃除は無しにしていいことになっています。勉強したいから無しにしません？」と申し出がありました。怪しいと思って職員室で確認すると、案の定そんな決まりは存在しないとのことでした。私が知らないのをいいことに、自分たちに都合の良いように嘘をついてきた事実にショックを受け、苛立ちを隠せません。いまにも怒鳴りつけたい気持ちです。感情に任せて怒るのはいけないとわかってはいるものの、どうすればよいでしょうか。

事例⑦へのアドバイス

その生徒は先生に意地悪をしたり、困らせたりしたいのではなく、仲良くなりたいのではないでしょうか。掃除の件も本当は「またしょうもない嘘をつくな！」とツッコミを入れて欲しかっただけなのかもしれません。職員室で嘘だとわかったことをその生徒に伝え、「罰として１週間掃除当番！(笑)」と冗談を返してみるのはどうでしょうか。これに対する反応を見ることで、生徒の真意がある程度読み取れると思います。

本当に嘘なのでしょうか？　昨年の担任が勝手に「無し」にしていたのかもしれませんよ。世の中には、大人でも都合のいいように嘘をつく人はいます。その度に怒っていたら体がもちません。仮に生徒に嘘をつかれたのであれば、嘘がいけないのであって、どうして嘘をついたのかを知ることが、これから数か月のホームルーム経営の糧になります。怒鳴るなどの威圧は心を閉ざしたり反抗的な態度を誘発したりする可能性もあるので気を付けて。

生徒の態度が全て善意で成り立っていると考えるのは危険です。生徒は、新しく異動してきた教員を試して、自分たちに有利なように物事を運び、失敗を面白がって、スリルを楽しんだりします。しかし、生徒を信じたのはあなたなのですから、これで苛立ってはいけません。生徒の引っかけようとした罠を想定して、騙されるフリ、バカなフリをした上で、こちらが一歩先の指導や指示をすることによって、力関係は確実に取り戻せます。

事例 8

掃除当番をさぼる生徒に クラス内から不満が出始めている

高校1年生の担任をしています。初めが肝心、と周囲の先生方にアドバイスをいただき、1学期の間はクラス内でのルールなどを担任としてしっかり生徒に伝え、生徒たちもこれをきちんと守りながら節度ある学校生活を過ごしてくれていました。ところが2学期になり、少しずつ学校に慣れてきたのか、**ルールを守れない生徒が出てきてしまい困っています**。先日、ある生徒が掃除当番をせずに帰ろうとしたため引き止めると、**「部活があるので」と、そのまま帰ってしまいました**。後で顧問に確認すると、実はその日の部活動は休みだったようです。しっかり役割を果たしてくれる生徒がいまのところは大多数なのですが、**クラスメイトたちからも徐々に不満が出始めています**。全員がきちんと役割を果たすようになるにはどのような指導が必要でしょうか。

事例 8 へのアドバイス

生徒の本音が見えてくる２学期、ここからが本当の学校生活の始まりで、いよいよ担任の出番です。学校やクラスには、様々なルールや約束事があると思いますが、担任として絶対に譲れない線はどこでしょう？例えば、掃除も都合の悪いときには代理を立てることを認めるなど、生徒の話し合いによるルールの見直しを提案してはいかがでしょう。生徒が自主的に決めた内容であるなら、「決めたことは守りなさい」と迫ることができます。

単に面倒だから役割分担をさぼっているのか、学校への意識が低くなっているのか、判断が難しいところですね。ただ面倒だから帰った場合は、他の生徒がどう思っているのかをこの生徒に考えさせてみてはどうでしょうか。それによって、この生徒が他の生徒との関係を修復してくれることが理想です。後者の場合、別のアプローチが必要ですね。とにかく学校に長くいたくない、でもその理由を話したくない場合は、１対１でこの生徒と話す機会を設けるといいと思います。

慣れてくればダレる、当たり前の状況です。大多数のルールを守って生活している生徒の不満に耳を傾けましょう。「不公平は嫌だ」と思っているはずです。部活動と偽って清掃活動に参加しなかった生徒には、担任も見ているところで清掃をさせます。その上で、１年生にとって、部活動に間に合うことと清掃活動の両立は重大なテーマです。ＬＨＲの議題として、対策を話し合ってはいかがでしょう。問題が生じたら、その都度１つひとつ解決していけば良いのです。そうして、そのクラスの「らしさ」が生まれるのです。

事例 9

空気を読み合って授業中に やたらとふざける生徒たちがいる

高校２年生の担任です。元気で明るい男子生徒が多く、年度前半の行事はとても盛り上がりました。ところが、最近男子の様子が落ち着かないのです。例えば、先日LHRで進路に関する話をしたときに意見を聞いてみると、ふざけた意見しか返って来ず、男子同士で大喜利大会をやっているような状況でした。放課後に一人の男子生徒を呼び出し、聞いてみると「みんな、面白い発言をしないと後でいじられるから、真面目な意見を言いにくい“空気感”なんです。実は僕もちょっと困っています。」と話してくれました。

常に特定の誰かがいじられるというわけでは無いようなので、いじめという大きな問題ではなく安心したのですが、あまり良い状況ではないと感じます。彼らの“空気感”なるものを取り払うにはどうしたら良いでしょうか。

事例⑨へのアドバイス

思春期に特有の状況だと推察します。生徒の多くが自分に自信がなく、ありのままの自分で人と接するのが怖いのでしょう。一人ひとりと話をしても改善は難しいでしょうから、仲の良い２人か３人程度の生徒を同時に呼び、最近の状況についてそれぞれの考えを聞いてみてください。お互いに自信のなさや辛さを抱えていることが理解できれば、少しずつ状況は改善すると思います。

「親しき中にも礼儀あり」という諺があります。いくら慣れた担任とはいえ、先輩方に同じことをしたら怒られるような態度をとっているのですから、本気で指導すべき内容だと思います。例えば、放課後に全員を残して話をするなど、ふざけた空気のせいにできない環境を整えましょう。「あいつのせいで放課後残らないといけなくなった」という空気を作れば、ふざけなくなると思います。担任の本気度を生徒に示すのがよいと思います。

最近は男子の成熟が遅くなっていると感じます。この場合、担任がふざけた“空気感”を取り払えばいいのではないでしょうか。怒らず怒鳴らず、毅然とした態度でひとこと「心の底からそう思っている？」や「それで？」と聞き返してみましょう。また、進路に関する話をする際には、なぜこの話をしているのか目的をきちんと伝えることも大事です。様々な意見を許容しながらも、真剣に話し合わせるような時間を作ってみては。

事例10

文化祭の企画を安易なもので済ませようとする

高校１年生の担任です。現在、生徒たちにとっては初めての高校の文化祭の企画を考えさせている最中です。その中で、クラスの中でも発言力のある一部の男子生徒たちが「あんまり大変じゃない企画にしたい」「部活の練習が毎日あるから俺はほとんど手伝えないからね！」と言い出してしまい、他の生徒たちもそれに賛同してしまっている状況です。

本来、どんな企画をするにせよ、「どう工夫をすればお客さんにより楽しんでもらえるか」などを話し合い、実践していく中で様々なことを学んでいくのだと思うのですが、このままだと易きに流れる方向で企画が決まってしまいそうです。企画決めのための話合いはあと２時間取ることができるのですが、どんな風に指導すれば生徒の前向きな気持ちを引き出せるでしょうか。

事例⑩へのアドバイス

「行事か部活か」ではなく、「行事も部活も」大事ですよね？　これらの生徒たちには「できない理由」ではなく、「クラスのために協力できることは何か」を問いかけたいものです。まずは、自分たちが楽しめる企画を考えさせることが大事ではないでしょうか。それを来校者に楽しんでもらえるよう工夫すればよいのです。自分の都合を優先する生徒、単にサボりたい生徒もいるでしょう。だからこそ、企画は「自分たちファースト」で考えさせてみましょう。

全員での検討・決定の前に、クラスの企画係などを招集し、「作戦」を立てることが必要だと思います。どうしたらみんなを説得させ、「やってみたい」と思わせることができるか一緒に考えてみましょう。ただ、易きに流れたとしても、高校１年生の文化祭なので、学ぶことは多いはずです。社会に出てから異なる考え方をもつ者同士が困難を乗り越える練習の場として捉え、全員が活躍する場を作るよう促すことはできると思います。

生徒にとっては、文化祭のためだけに時間を割けるわけではないので、易きに流れる風潮はよくある話です。ただ、この状態だと、他のことにも中途半場なまま進んでしまうことが心配ですよね。このようなときは、これまで先輩たちが作ってきたものを見せたり、他校の文化祭を見に行かせたりして刺激してみてはいかがでしょうか。自分たちで文化祭にちゃんと向き合おう、と思えたほうがモチベーションも長続きしやすいと思います。

事例 11

すべての連絡をＳＮＳで済まそうとする生徒たち

高校１年生の担任です。２学期に文化祭が行われるため、生徒は夏季休業中に登校して準備をすることになりました。各班で登校する日程を決め、班長から私に伝えるように指示しました。

ところが、班長のひとりである女子生徒が一向に伝えに来なかったので、私から確認すると、「未定だけど、とりあえず明日は活動します」と言うのです。そして活動の当日、10名来るはずの生徒は、たったの２名しか来ません。私が尋ねると、「SNSのグループには送ったし、既読はついているから、大丈夫」と言い張るのです。

確かに彼らはいつもスマホでコミュニケーションを取っています。しかし、大事な連絡を、SNSで連絡を送って終了だと思い込むのは間違っていませんか。このような一方的なコミュニケーションがよくないことを自覚させるには、どう指導したらよいのでしょうか。

事例 11 へのアドバイス

SNSは送った相手が気付かないことや、読まずに削除してしまうことだってあります。その生徒が本当に登校してほしいという意志があったのだとしたら、面倒でも直接相手に通話連絡をした方が確実です。また、SNSのメッセージを読んだ生徒に対して、「登校する」「登校しない」の返事を必ず返信してほしいなど、やりとりを確実に行うべきでしたね。SNSで意思を伝えることの難しさを体感できるようなLHRを実施することで、全体にコミュニケーションの取り方を考える良い機会になるのではないでしょうか。

SNSでコミュニケーションを取ることが当たり前の生徒たちにとって、対面で何かを決めることがだんだんと難しくなっているように感じます。その一方で、文字だけでやり取りをすると言葉が強すぎてしまったり、誤解を生んだりすることもあります。「既読」がついたからといって「了解」という意味ではないことを、対面の学校生活で意識させたいですね。例えば、返事をするとか、相槌を打つなど、常に双方向のコミュニケーションの上にお互いの理解が成り立つことを、繰り返し教えましょう。

SNSで連絡を取ること自体が間違っているわけではありません。連絡したあと、伝わったかどうかを確認したり、返事をもらったりすることが重要であることを認識させる必要があったのです。改めて、大切な連絡をした際には、連絡が伝わったかどうか、連絡を受けた者の返事を受け取るようにすれば、間違いがなくなります。このような、初歩的な発想を生徒にもたせるよう、事前に指導を行うことも教師の役割の1つです。

事例 12

文化祭の準備を巡って クラス内で対立が起きている

高校２年生の担任です。文化祭が半月後に迫り、スロースタートだった生徒たちも徐々に焦りを感じているようです。そのような中、準備に関する愚痴を生徒が訴えてくるようになりました。その中に「リーダーの生徒がきちんと指示を出してくれないからせっかく集まってもみんな何していいかわからなくて本当に時間のムダ」というものがありました。

この女子生徒は実は当初、文化祭のリーダーをやりたかったのですが、別の生徒が立候補したためそこで諦めていまに至っています。意見の内容は確かに的を射ている部分が多いのですが、この生徒と仲の良い生徒たちも一緒に愚痴をこぼしにくるため、教室で準備をしている生徒たちと対立するような状況になってしまっています。建設的な意見交換の場を作りたいのですが、具体的にどう設定すればよいものでしょうか。

事例⑫へのアドバイス

行事への取り組みの終盤で、こうした距離や対立が生まれるのはクラスがまとまる前の試練です。そんな時は、担当ごと、作業ごと、場面ごと…などの「場面リーダー」を決めて、不満分子さんも自分たちの分担領域のリーダーになってもらいましょう。その上で、リーダー同士の打ち合わせ会を定期的に催し、進捗状況を確認し合い、その場に担任も同席します。クラスの実行委員は、生徒会や執行部との連絡係、と位置付けてみてはいかがでしょうか。リーダー生徒も不平不満がたまっているはず、聞いてあげてくださいね。

過去には、リーダー生徒を養成するための宿泊研修などが行われていましたが、近年はこのような研修はあまり見られなくなりましたね。その研修では、リーダーとしての資質や能力、技術を身に付けたり、リーダーを助けるフォロアーの育成にも力を入れていました。事例に戻ると、この生徒がリーダーを他の生徒に譲ったのであれば、自身はフォロアーに徹すべきですね。この点を納得させることが重要です。

サボっているわけではなく、準備のための前向きな対立ですね。こういう場合は「公式」なLHRなどの場で、進捗状況やいま困っていることなどを話し合わせるとよいと思います。担任から「ラストスパートをかける前に、これまでを振り返ってそれを生かして本番まで進んでいこう！」と呼びかけてみましょう。うまくいっていないことこそ、「みんなで共有する」と伝えたいですね。決して誰かを責めるのはなく、前に進めるよう、後押しをしてあげましょう。

事例 13

文化祭の準備にまったく関わろうとしない生徒がいる

高校２年生の担任です。学校行事に前向きでない女子生徒がいます。ホームルームで話し合って決めた文化祭の企画に、やる気をそぐようなことを言って、実行委員を困らせ、積極的に関わろうとしません。

いざ準備が始まってもその姿勢は変わりません。クラスの生徒が役割分担をこなしている中で、この生徒は、教室の後ろで床に座ってスマホをいじっていたり、お菓子を食べて喋ったりしているだけで、何もしていません。準備に参加しないよりはましだ、というのが本人の主張ですが、周りの生徒は不満に思いながらも、注意できずにいます。

私としては、生徒同士で解決してほしいと思いながらも、度が過ぎるときにこの生徒に声をかけています。周りの先生に相談しても、「放っておけばそのうち溶け込むから大丈夫」だと言われてしまいました。どうしたらよいでしょうか。

事例⑬へのアドバイス

準備の場所にいる時点で、やる気はあるのだと思います。人と協力する経験が乏しく、自分から行動するのに恥ずかしさを感じているのかもしれません。クラスに、「またサボってる！一緒にこれやろうよ！」と勢いよく誘ってくれそうな生徒がいれば「その生徒のお世話係」に任命してみましょう。役割にしてしまうことで、その生徒に声をかけやすくなると思います。何より、他の生徒同士の関係性を作るきっかけになるのでおすすめです。

実際、帰らずに残っているのですから、担任として腕の見せ所ですね。生徒同士の解決に向けて、動きましょう。この生徒には「もう少し関わってほしいけれど、協力できることは何か？」と尋ね、実行委員の生徒には、「彼女に参加してもらえるような具体的な工夫」を求め、両方の橋渡しをするのです。一度でうまくいくとは限りません。周囲の生徒も巻き込んで、繰り返し働きかけましょう。その生徒の得意なことをお願いする体裁をとると、うまくいくことがあります。

「やる気がないなら来なくていいよ」と一昔前なら言ってしまうところですが、最近ではそんなことを言ったら本当に来なくなってしまうので、言葉選びが難しいですよね。この生徒は教室に「存在すること」の大切さはわかっているようなので、「せっかくいるのだから、何かすれば？」と小さなことから役割を与えてはどうでしょうか。周りの生徒が不満に思っているのは、何もしないからなので、何かをさせればいいのです。この生徒が少し頑張ればできそうなこと（例えば、ペンキで色塗り、教室の整頓など）を任せてみましょう。存在価値が少しでも生まれれば、他の生徒の見方や考え方が変わるかもしれませんよ。

事例 14

文化祭の準備に手を出しすぎてしまい、非難の矛先になってしまった

高校３年生の担任です。今年は生徒たちにとって最後の文化祭ということもあり、完成度の高い企画を目指して私も一緒に手を動かしながら作品を作っています。しかし、途中で困ったことになってしまいました。生徒の一部が「なんでこんなに大変なんだ！リーダーと先生が勝手に盛り上がっているだけじゃないのか！俺たちはそんなに頑張りたくない！」と怒って、協力しなくなってしまったのです。私自身が非難の矛先に含まれているため中立的な立場で話合いをさせることが難しい状況です。かといって、ここで手を引くと結局中途半端なものしかできないように思います。

生徒たちに近付きすぎてしまったと反省しているのですが『適切な距離』というのがいまいちわかりません。今回の場合でいえば、どういう形を取ればよかったのでしょうか。

事例 14 へのアドバイス

反省を踏まえれば、完全に手を引くべきでしょうね。完成度の高さを求めるのは良いと思いますが、誰のための文化祭なのでしょう。生徒の自主性は、生徒自身の行動でしか培われません。教師の役割はゴールへの道筋を示したり、選択肢を示したりすることです。手を出したくなっても、ここは我慢。生徒にとって、表彰や成功のような成果ばかりがよい思い出ではありません。大失敗から学んだことも、大切な経験として胸に残ることでしょう。

「適切な距離」は年齢やパーソナリティによっても違います。担任は全体を見渡して、適切に支援すべきだと思いますが、一緒に活動したくなる気持ちもわかります。ここで、誰のための学校行事なのか、また何を目的として活動しているのか立ち返ってみましょう。完成度の高いものは誰のため？　彼らはどうして不満をもつに至ったのか？　中途半端なものしかできなくてもよいのでは。それぞれの思いに向き合うことが大切だと思いますよ。

「手を出せる」教師、私はうらやましいです。怒っている生徒も、本当は先生と一緒に作業をしたかったのかもしれませんね。「適切な距離」ですが、私は、担任はクラスの連絡ボードでありたいと思っています。生徒が記入して、誰もが見る、連絡調整をするためのボードの役割を、本物が機能し始めるまで担います。文化祭の準備では、担当ごとの完成イメージが共有できていないと、トラブルになりがちです。定期的に進捗状況を報告し合って共通理解できているかを確認し合います。計画には軌道修正も必要であり、修正する期間も考慮に入れて予定を立てたいものです。

事例 15

リーダーのやる気が空回りし、クラスの雰囲気が悪くなってしまった

高校２年生の担任です。クラスに体育祭実行委員長の男子生徒がいます。この生徒は、「先輩から受け継いだ伝統をもとに、熱い体育祭にしたい」と意気込んでいます。また、クラスの優勝にもこだわっています。

ある日その生徒が、クラス全員リレーで１位を取るために、朝練をしようと提案してきました。クラスの中には、遠方から通学している生徒や運動が苦手な生徒、部活動の朝練がある生徒もいます。リレーの朝練当日、参加した生徒はクラスの４分の１。当然、リレーの練習にはなりませんでした。そのことについて、彼は、感情的にぶつかり、クラスの雰囲気が悪くなってしまいました。

私は、この生徒の気持ちもわかるのですが、周りの生徒が明らかについていけていないと感じています。担任として、体育祭までに、この生徒とその他の生徒をまとめる方法を知りたいです。

事例 15 へのアドバイス

この状態ではおそらく担任が何を言っても邪魔されたと思われてしまいます。解決方法は、クラスのリーダーの二番手を作ることです。このリーダーをサポートする、いわば「調整役」を置くのです。調整役には「クラスの中には他の意見もある」とか「もう少し他の方法もある」などと、あえてリーダーと違うことを言わせて、リーダーに冷静になる場面を作ります。そうすることによって、この生徒が自分のリーダーシップを振り返って修正することができるようになると思いますよ。

この1回だけで、担任が出て行ってまとめてしまうのはあまりにもったいないですね。クラスに変化が起こるチャンスかもしれませんよ。担任として働きかけるとしたら、うまくいかなかった事実を事実として伝え、「このままでいいのか、何かやれることはないのか？」と問いかけることでしょう。つまり、自分たちで解決する場を設定してあげる、ということです。リーダー、フォロワー、それぞれの役割を認識できるようにしてあげましょう。

まず、体育祭の目的は何なのか改めて考えさせましょう。その上で、衝突の原因は双方にありますから、リーダーには「熱量の差に気付けなかったこと」、その他の生徒には「提案があった時点で正面から反対せずに当日来なかったこと」をお互いに謝る機会をもてると良いですね。リーダーの生徒は今回、自分のやり方が通用しないことを学んだはずですから、今度は通用する方法を一緒に考えてあげましょう。

事例 16

リーダーが固定化してしまい、委員をしたくてもできない生徒がいる

高校２年生の担任です。いつもホームルーム委員になる女子生徒がいます。その生徒は、立候補をするわけではないのですが、周りからの信頼も厚く、反対する生徒はいません。クラス替えをしても、学年の中で彼女をリーダーにする雰囲気があり、今回も他薦でホームルーム委員となりました。

しかし、昨年の二者面談で、この生徒以外にもホームルーム委員をやってみたい女子生徒がいることを知りました。その生徒はクラスの中では目立たない存在ですが、着実にこなせる力はある、と私は思っています。係・委員会決めの当日、その生徒にそれとなく声をかけましたが、その生徒は周りの空気を読んで手を挙げることはありませんでした。どの生徒にもリーダーを経験してほしいと思いますが、役割が固定化してしまっています。担任として、何ができるのでしょうか。

事例⑯へのアドバイス

いつもリーダーに推薦される生徒はつらくないのでしょうか。その生徒のプライドもあるでしょうし、継続している仕事もあるでしょうが、「とりあえずあいつにやらせておけば」…といった雰囲気はありませんか？　役割の固定化は大人でもしんどいものです。例えば、LHRの司会は議長団を別に組織するとか、SHRの司会を輪番制にするなど、誰もがリーダーになれる集団作りを心がけましょう。ホームルーム委員になりたい生徒も、その中で自信をつけていくことでしょう。

強い熱意をおもちの先生なのですね。気持ちはわかります。しかし、仕方ないことだと割り切るべき内容ではないでしょうか。担任として、というよりも、周囲の人間にできることには限界があります。思うように運ばないのが集団の面白いところです。きっとその生徒は悔しい思いをしながら一歩成長しています。そこで悶々としたことの価値を伝えてあげてください。また、活躍できる場面を1年間かけて一緒に探していきましょう。

私なら「どの生徒にもリーダーの経験をしてほしい」と全体に投げかけます。そして、次回の係・委員決めの際には、いまの係・委員とは別の者が担当するようにしてほしいと伝えます。係・委員の改選のたびに、異なる人が役割を担うようローテーションすると宣言してみたらいかがでしょうか。この提案に対して生徒から意見が出れば、それもまた、より良いクラスを作る上で貴重な意見であり、前に進むことになります。

事例 17

やる気はあるがリーダーとしての資質が足りない生徒が委員をしている

高校１年生の担任です。現在、学年レクを行うために各クラスのホームルーム委員を中心に計画を進めています。委員会の指導自体は他の先生が行っているのですが、そこで決まったことをホームルーム委員の男子生徒がきちんと連絡してくれず、私のクラスだけが情報不足になってしまうことがよく起こります。全体に話をするときにも、教室がうるさいなかで話しはじめてしまうため指示が通らないなど、根本的にリーダーとしておさえるべきことができていないので逐一指導しています。指導すると「はい。わかりました」と答えるのですが、プライドが高いのかそのあと全く変化が見られません。

レクの日程まで、まだ数回LHRでの話合い等があるのですが、リーダーとしてもう少しきちんと動いてもらうにはどのように働きかければよいものでしょうか。

事例⑰へのアドバイス

任せたいと思いつつも、ついつい口を挟みたくなってしまう状況ですね。少しゆっくり時間をとって、その生徒ともう一度、集団をまとめる上で大切なポイントを話す時間をとってみてはどうでしょう。授業を理解できていない生徒に個別指導するときのように、ポイントを一方的に与えるのではなく、その場で本人から引き出していくようなイメージです。出てきたポイントを紙にまとめさせて、それを見ながら役割に当たるように指導してみてください。

ホームルーム委員はひとりですか？　もし、二人いるのなら、もうひとりの委員に補ってもらうようなシステムを作ってはいかがでしょうか。例えば、委員会に参加した翌日のSHRで、前日の委員会報告を必ずするというようなシステムを作るのです。ホームルーム委員に前に出てきてもらい、昨日の委員会の報告をしてもらいます。もうひとりの委員に「補足することはありますか？」と投げかければ、不足部分に関する情報が伝わります。組織的な動き方を学ぶ良い機会になります。

ホームルーム委員がどのように決まったのかが気になります。押し付けられたのであれば、ホームルーム委員はクラスにとって大切な役割であることを理解するまで話をしましょう。立候補したなら現状を認識させ、どうすれば情報不足にならなかいかを本人に考えさせる必要があります。また、逐一指導しているとのことですが、他の生徒の前で注意することはなかったでしょうか？　些細なことでも思春期には受け入れられないことがあるので注意が必要です。

事例18

クラスの人間関係が固定化し、修学旅行の部屋割りで不満が出ている

高校２年生の担任です。修学旅行の２週間前、事前学習はほぼ終わり、あとは当日までの指導をするだけでした。しかし、ある女子生徒が「部屋割を変えてほしい」と訴えてきました。３人で１部屋だったのですが、その中のひとりと気まずくなったから、もう一度決め直してほしい、そうでないと修学旅行へは行けないというのです。

生徒のわがままに付き合う必要はないのですが、クラスの中の人間関係はほぼ固定されていて、他のグループに移ってもらうことも、受け入れてもらうこともできません。当人同士で解決すれば済むことではありますが、担任としては、修学旅行までの楽しい空気が一変してしまうことは避けたいですし、このことがきっかけでこの生徒が学校に来られなくなってしまうのも困ります。この生徒への対応やホームルーム経営について、何かよい解決方法があれば知りたいです。

事例⑱へのアドバイス

グループ分けした時期から人間関係が変わってしまった。修学旅行あるあるですね。まずは、その生徒の話をじっくり聞くしかありませんね。同室の他のメンバーにも話を聞きます。修正不能となれば、当該生徒を他の部屋に移すしかありませんが、代わりにその部屋に入ってくれる人がいないと、困りますね。私なら、クラスの女子に相談します。助けて～って。きっと、女子全員で再協議になります。誰かが行かないのが嫌なのは、担任以上に生徒ですから。

同じ部屋の生徒たちをひとりずつ呼んで、何が原因で気まずくなったのかを聞き出します。「この生徒が何か悩んでいるようだけど、心当たりはある？」というように（この生徒が担任に告げ口をしたと思われたら元も子もないので、そのあたりは慎重に言葉を選びましょう）。その結果、関係が修復できればいいですが、それでもできない場合は、「就寝時までの部屋移動は認めているので、それまでは他の生徒と過ごし、寝るときだけ割り切って、その部屋で寝ること」とドライにアドバイスをします。

部屋割り変更は全体に影響が及びます。他の生徒からの苦情も予想されます。その生徒の一時的な感情かもしれないので、一度じっくり気まずくなった理由を聞いてみなければなりません。さらにその相手がどう思っているのかも確認しましょう。人間関係の固定化は避けられませんが、学校という「公の場」でそれだけにこだわらない指導をしていきたいものです。その上で、みんなが楽しむために必要ならば、担任の決断でやり直しもやむを得ないでしょう。

事例 19

音楽祭の前にグループ同士の対立が起きてしまった

高校３年生の担任です。高校最後の音楽祭で「絶対に最優秀賞を取りたい！」とやる気のある女子生徒がいます。この生徒は音楽系の大学進学を希望するほど音楽に熱心で、ソプラノパートのリーダーをしています。この生徒と仲の良いメンバーのひとりは、アルトパートのリーダーでもあります。

本番まであと１か月。この生徒はアルトパートの声が出てないことを、パートリーダーに強い口調で責めはじめました。合唱のことだけでなく、日常の友だち関係の不満ももち出して、周りの生徒はいさかいを止めることができません。この生徒は、ソプラノパート側を味方につけて悪口を言ったり、アルトパートリーダーの生徒を仲間はずれにしようとしたりして、音楽祭の練習どころではなくなってしまいました。担任としては、グループ同士の対立を止めさせたいのですが、どうしたらよいでしょうか。

事例⑲へのアドバイス

高校最後の音楽祭だからこそ、熱くなりすぎてしまうのでしょうね。このトラブルの問題点は、単なる友人関係のこじれではなく、クラス全体を動かしかねない状況にあることです。まずは、この二人の生徒を一人ずつ担任が呼んで、話を聴いてあげましょう。その中で、お互いの音楽祭への熱意を確認できたら、日ごろの友だち関係を一旦脇に置いて、みんなで合唱をまとめていくようにアドバイスをします。友だち関係の修復は音楽祭が終わったあと、本人たちに任せればよく、まずは全員が振り回されないことが大切です。

やる気がある者同士の対立は、大人でもよくあることです。大抵は、「自分はこんなに頑張っているのに」というもので、自分中心の考え方に起因しています。落ち着いたときに、リーダーの役割を思い出してもらいましょう。「他の人に気持ちよく頑張ってもらうために、あなたには何ができる？」と問いかければ、人を責めることがいかにマイナスであるか、気付くと思います。「あなたならできる」と励ましてあげるのも、担任の役割ですね。

音楽祭、熱くなりますよね。特に、地域によっては中学時代から熱心に取り組む行事の一つでもあるようです。まずは、音楽祭の目標の確認です。優勝することだけが目標なら、優勝できなかったクラスの取り組みは全て意味がなかったことになってしまいます。“美しい音楽を奏でること”も大切な目標のはずです。それが歌声ならなおさら。「人の声が美しく響き合うためには何が大切なのか？」音大を希望するくらい専門的な知識のあるソプラノパートリーダーならわかるはずです。

何もかも担任頼みで自分から動こうとしない生徒がいる

高校３年生の担任です。１学期も中盤に差し掛かり、生徒たちも徐々に進路に向けた意識が高まってきました。そのような中、ある女子生徒から相談を受けました。「私は受験勉強に早く集中したいので部活を早めに引退したのですが、放課後の教室がうるさくて自習に集中できません。先生から注意してもらえませんか」との内容でした。まずは自分から直接注意してみるように伝えると、「話したことのない他のクラスの生徒もいるので無理です」と断られました。図書室等の別のスペースを勧めてみても、「嫌です」の一点張りです。

放課後は私も部活動の指導があり、教室の監督はできません。卒業後のことを考えても、自分の主張をきちんと相手に伝える練習をしてほしいと思っているのですが、どうしてあげるのが良いのでしょうか。

事例 20 へのアドバイス

頑なな面をもった生徒さんのようですね。別のスペースに移動しない理由のほうが気になります(笑)。クラス全体で進路に向けた意識が高まってきているので、放課後の時間の教室の利用方法についてLHRで話し合わせてみては。部活動が始まるまで談笑したい生徒もいるでしょう。担任としてはどのように利用してほしいですか？　それぞれのすみ分けわけができるよう「時間」や「目的」、「利用のルール」などを自分たちで決めさせてみましょう。

3年生の各教室は放課後、自習室として利用することになっているのならば、学年で一斉に放課後の教室の使い方について注意します。そうではなく、意識の高いその生徒から出た発言の場合、他の生徒に声をかけることはできても、おしゃべり禁止を徹底するのは難しいと思います。「人は自分の思い通りにはならない。何かを変えたかったらまずは自分の行動を変えること」、と伝えて背中を押しましょう。

目的が勉強なら、自分の主張が通ると考えているようですね。他の生徒にもそれぞれ目的があって教室に残っていると気付かせてあげましょう。一方、自習をすること自体は良いことなのですから、放課後の教室の使い方をクラスまたは学年の問題として取り上げ、話し合いの機会を作ってはいかがでしょう。自分の主張を相手に伝えるよい機会になりますね。生徒の意見を取り入れてルール化できれば、生徒の自治にもつながります。自主性を育てていきましょう。

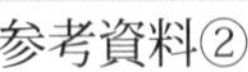

参考資料②

高校クラス担任の一日

時程	指導内容	留意点
始業前	□教室の整備状況の点検	・できるだけ教室に行く
	□登校している生徒との対話	
	□保護者からの欠席連絡の受理	・内容をメモする
職員打ち合せ	□生徒への連絡・指導事項の確認	・連絡事項をメモする
朝のSHR	□教室環境を見る	・黒板等の点検
	□連絡事項の伝達	・出席簿に記入
	・時間割変更	・生徒の様子の観察
	・提出物の受理と督促	・必要があれば板書する
	・委員会活動等に関する連絡	
	・日直の確認と日直日誌の手渡し	
	・その他	
	□前日の欠席、早退、遅刻者の指導	・生徒手帳の活用
諸連絡	□無断欠席生徒の家庭へ連絡	・電話で連絡、確認する
	□教科担任への連絡	・忌引き、遅刻、早退等
昼休み	□生徒が弁当を食べている様子や休み時間の過ごし方の観察	・月に１～２度教室に行き、生徒の様子を見る
帰りのSHR	□伝達事項の確認	・提出物、レポート等
	□無断早退・欠課生徒の確認と指導	
	□清掃当番の確認	・生徒に自覚をもたせる
清掃指導	□清掃当番と一緒に行う	・清掃の監督とともに、生徒観察、生徒理解の場とする
	□清掃点検	
放課後	□日直日誌の点検、記入等	・担任の感想を必ず記入する
	□戸締り、消灯の確認	
	□出席簿の整理	
	□生徒・保護者との面談	・必要に応じて実施する
	□一日の反省	
	□明日の準備	・HR通信の作成等
その他	□SHR、LHRの計画	・将来を考えた計画
	□学年打ち合わせ	・各HRの問題を出して話し合う
	□他の教師との連携	・生徒部、進路部、養護教諭、学校司書等

＊この表は、先輩の先生から見せていただいたものを参考にしながら、手直しして作成しました。（梅澤）

生徒指導の悩み

不登校経験ありの生徒が連休明けから学校に来なくなってしまった

高校１年生の担任です。忙しかった４月がようやく終わり、校外学習では生徒同士の横のつながりも少しずつわかってきました。そんな矢先、ゴールデンウィークが明けた日から急に、女子生徒の一人が学校を休み始めてしまいました。母親と本人は、「気分が乗らないだけで、学校で特に問題があったわけではありません」と口を揃えています。仲の良い生徒達に話を聞いても、特に喧嘩やいざこざは起きておらず、むしろ学校に来ないことを心配している様子でした。後日、改めて母親に確認してみると、この生徒は中学校時代にも同じようなことがあり、中学２年生のときにも学校に行っていなかった時期があることがわかりました。教員になってこんなに早くこのようなケースに出会うとは思っていなかったので、途方に暮れてしまっています。どうすれば良いのでしょうか。

事例 21 へのアドバイス

　最近は、居場所がないと感じる生徒が一定数います。中学校は保健室登校で乗り切れたかもしれませんが、高校では履修が必要です。その区別ができない生徒や保護者も多いです。まずは履修要件と、進路変更の意志確認をしましょう。自分に合う学校を探すか、いまの学校で居場所を探すか、どちらかです。カウンセラーが常駐する学校も増えていますし、さらに専門機関につないでくれる場合もあります。学年主任や管理職にも相談して対応しましょう。

　不登校の経験がある生徒は、長期休み明けは特に注意して観察した方がいいです。この場合は、保護者へ協力してもらい登校するように話をします。保護者が放置する状況であれば、ネグレクトの家庭である可能性があります。思春期の高校生が悩んで学校を休むことはありますが、それが続けば進級できない状況になる可能性もあります。担任としては、とにかく早く動きましょう。まずは、早めに家庭訪問など行い、生徒や保護者と話をして、高校での欠席日数は進路にも影響があることを伝えましょう。

　休み始めたときの初動が大切だと思います。不登校を一度経験していながら普通科高校に進学したのは、チャレンジする気持ちがあったからだと思います。無理に学校に来るよう迫るのはよくありませんが、この生徒を応援する準備があることを伝えましょう。しばらく来られない等、困った状況になっていくようであれば、解決しようとするのではなく、一緒に困ってあげてください。その共感が生徒に必要だと思います。

事例22

何度注意しても忘れ物をしてしまう生徒がいる

高校1年生の担任です。何度も忘れ物を繰り返し、注意してもなおらない男子生徒がいます。入学式の日、制服のブレザーを教室に置いて帰ってしまいました。その翌日は、購入したばかりの問題集を机の上に置いたままでした。3日目、オリエンテーションで配布されたプリントや冊子を、下駄箱に置きっぱなしにしているのが見つかりました。入学早々、担任を試しているのか、友達の気をひきたいのか、と私はしばらく様子を見ていましたが、悪気なくついうっかり忘れてしまうようです。本人に注意すると、「すみません、今度は気をつけます」と言いますが、どうも響いていない気がします。周りの生徒は、彼が注意されると笑うようになりました。本人も笑っていますが、困っているのかどうかもよくわかりません。この生徒にはどのような指導や支援が必要なのでしょうか。

事例㉒へのアドバイス

軽度の発達障害が疑われますが、担任や同級生のちょっとした手助けがあれば、改善可能と考えられます。例えば、下校する際に一緒に持ち物の確認をしたり、下駄箱まで一緒に行って忘れ物がないかどうか確認したりすれば良いでしょう。このような補助活動を継続的に続けながら、少しずつ手助けする場面を減らします。次第に、自分ひとりでできるようにすることが目標です。時間がかかると思いますが、続けてあげてください。改善できると思います。

単なるうっかりなら厳しく言うことも必要ですが、家庭環境によって物の管理の考え方が全く異なることもあります。行動を観察し、整理整頓が苦手な生徒にはその手順を、集中力が続かない生徒には時間の使い方の工夫を、大事なことを後回しにする生徒には余裕をもって準備する習慣をつけるよう、アドバイスしましょう。近年、発達障害の生徒は一定数いると言われています。特別な支援が必要となる場合もあるので、記録を残しておきましょう。

本人は覚えているつもり、でもついうっかり忘れてしまう、という場合、発達障害の可能性がありますね。本人に伝えてもうまく伝わっていないと感じる場合は、保護者の方に連絡してみましょう。実は中学校のときからそうだったなどと明かしてくれるかもしれません。もちろんそのときの連絡は、「本人のことが心配なのです」「いまは小さな忘れ物が、例えば入試のときに大きな忘れ物になったら大変ですよ」などというトーンで伝えましょう。

事例23

校則を守らない生徒がいるが、厳しく指導をすべきか悩んでいる

高校１年生の担任です。クラスに校則を守らない女子生徒がいます。この生徒は、入学当初から制服を着崩したり、化粧をしたりと違反を繰り返しています。例えば、スカートの丈は膝丈にすることになっていますが、教員の目の届かないところでウエスト部分を折っては短くしています。校則違反だとわかっていながら、他の教員は見て見ぬふりをしています。この生徒は口うるさく言う私のことが嫌いらしく、声をかけようとすると避けられてしまいます。私も、生徒の顔色をうかがって指導をすることはよくないとわかっていますが、指導したあとにクラスの雰囲気が悪くなるのは避けたくて、つい二の足を踏んでしまいます。だからといって、何も言わなければ、校則を守っている生徒への示しもつきません。一体どうすればよいのでしょうか。

事例㉓へのアドバイス

本人は表面的には指導に従うフリをしても、本質的には違反が悪いことだと思っていないようですね。生徒の機嫌を取る必要はありませんが、指導のタイミングを見計らうことは必要です。個別に呼び出して、いつも叱るのではなく、たまには小さなことを褒めながら生徒の気持ちを盛り立てて、担任の方を向いてもらうしかありません。他の生徒に「担任が指導をしている」姿を見せる必要もありますので、時には全員を指導しましょう。

制服を着崩したり、化粧をしたりすることでこの生徒が達成したいことは何でしょう。思春期の生徒にとって、「友達の中での自分の立ち位置」を守ることはどんなことよりも優先順位が高いものです。つまり、この生徒は服装を乱すことによってアイデンティティを保っているのだと感じます。この生徒が服装を乱さなくても自信をもって過ごせるようになる方法を、面談等を通し穏やかに話しながら一緒に考えてみてはいかがでしょうか。

同じ言葉をかけても、受け止め方は生徒それぞれですね。もちろん、個別に注意が必要な生徒もいますが、基本的にはみんなに同じように接するのが良いでしょう。担任として、全員に「自分を律してルールを守ることがいかに大切か」、を繰り返し伝えます。そして、「理不尽なルールは、破るのではなく変える努力をしてみよう」と語りかけます。即効性はないかもしれませんが、それでも先生の姿勢は伝わるはずです。

事例 24

学校では問題がないが、家庭での行動が心配な生徒がいる

高校２年生の担任です。部活動や学校行事に熱心に取り組み、学業成績も優秀な他の生徒の模範となる男子生徒がいます。学校での様子は全く問題ないのですが、周囲の生徒の噂によると、先日、警察に補導されたとのことでした。心配になり、保護者に家での様子を聞くと、普段から食事以外は自分の部屋から出てくることはなく、家族ともほとんど会話をしないそうです。そればかりか、深夜に部屋から大きな叫び声が聞こえてくるというのです。クラスの生徒からは、最近SNSで学校に対して攻撃的なことをつぶやいているとの情報もあります。担任としては心配しているのですが、いまの時点で、特に問題行動を起こしているわけではないですし、学校では問題がないので、放っておいてもいいものでしょうか。

事例㉔へのアドバイス

私なら、もちろん放っておきます、学校では何の問題もないのですよね。成績優秀で模範的なその生徒の場合、家庭での態度や、SNSでの暴言があってやっとバランスがとれているのかもしれません。家庭での様子を先生ご自身が保護者から聞いていることを、本人が知っているかが、ちょっと気にはなりますが、家は居心地の良い場所ではないようですから、学校が生徒にとっての居心地の良い居場所であり続けられるように、彼を褒めて、認めてあげてください。

早めに情報が得られてよかったですね。思春期には情緒が著しく不安定になることがあります。学校に対し攻撃的なことをつぶやいているということは、何かしら学校の方針や対応に対して不満をもっていることが予想されます。まずは「全く問題ない」と決めつけないで、学校での様子で気になったことはないか情報を集めてみては。部活動の顧問や教科担任など複数の目で確認することで、状況が立体的に浮かび上がるかもしれません。

本人の学校での様子については、観察を続けたり、周囲の生徒から情報を収集したりしましょう。そして保護者が心配です。自分の子どもとどう関わったらよいか困っているのではないでしょうか。第三者の機関として、地域の子ども家庭支援センターや、子育てに関する悩みを聞いてくれる窓口を紹介しましょう。家で暴力をふるうのであれば、警察に相談すべきです。この家庭にできるだけ複数の機関が関わることが大切です。

事例 25

小学生のように幼い行動をとり、周りに迷惑をかける生徒がいる

高校１年生の担任です。明るく元気な生徒が多いクラスをもたせてもらっています。年度の前半では行事も盛り上がり、非常に良い雰囲気だったのですが、行事の少ない**年度の後半に入り、元気をもて余した男子生徒たちが悪ふざけをし始めました。**中でもひとり、あまりにも稚拙な行動をする生徒がいます。先日LHRのために教室に行くと、なんとその生徒が教室の床で寝ていたのです。起こそうとしても、「寝不足なんですよ～」とふざけてきて、授業の開始が遅れてしまいました。**その生徒と仲の良い生徒は周囲で笑って面白がっていましたが、あきれている生徒も多く、早急な対応が必要だと感じます。**中学生どころか、小学生のように幼いこの生徒は、どうしたら常識的な行動をとってくれるようになるものでしょうか。

事例25へのアドバイス

こういうふざけた生徒、たまにいますよね。先生が反応すればするほど、その生徒の思うつぼになってしまいますので、なるべくサラっと対応することです。逆に、当たり前の、きちんとした振舞いをしたときに構ってあげてください。きちんとしていたほうが構ってもらえる、と思わせることができればこちらのものです。指導の目的が、この生徒を打ち負かすことにならないように注意することがポイントです。

単なる「構ってちゃん」なら、徹底的につきあってあげましょう。目立ちたがり屋さんは承認欲求が強いと言います。ふだんの行動に自信がないからふざけるという方法をとっているとも考えられます。正攻法は、その生徒の頑張っていることをきちんと認め褒めることです。「あなたのこういうところがいいと思う」としっかり言葉にして伝えましょう。その上で、授業開始を遅らせるなどは、みんなにとっての迷惑行為。これだけは止めさせたいものです。

幼稚な行動をする生徒には、幼い子をあやすような対応をしてみてはいかがでしょうか。例えば「眠いのなら、そのまま寝ていてもいいですよ。他のみんなはこれから『卒業後の進路』というテーマで話し合いましょう。さあ、みんな席について」などと言って、その生徒はそのまま寝かしておくのも良いと思います。おそらく、しぶしぶ起き上がって、話し合いに参加するのではないでしょうか。放課後、ゆっくりその生徒と面談をしましょう。

事例 26

遅刻を正当化し、開き直っている生徒がいる

高校２年生の担任です。４月にクラス替えがあり、新しい環境に生徒も私も慣れてきたところです。いわゆる中だるみといわれる２年生ということで警戒はしていたのですが、最近になって遅刻が目立つようになりました。何か事情があるのではないかと気になり、ひとりの生徒に話を聞いてみたところ、「いや、別に何もないです。遅刻って別に問題なくないですか？授業には間に合うように来ていますし、SHRの連絡事項は友達にちゃんと聞いていますよ。何が悪いのかわかりません」と反論されました。確かに、遅刻してしまった場合の対応としては間違っていないのですが、この生徒だけ特別扱いをする訳にはいきません。ここから先の指導をどうしたらいいのか困ってしまいました。こういう生徒にはどのように指導すると良いのでしょうか。

事例㉖へのアドバイス

「こういう生徒」への指導と「ここから先の指導」とは別のアプローチが必要と思います。「こういう生徒」へは、朝のSHRで、その時にしか聞けないとっておきの話や、お得な情報等を用意し、朝のSHRは来ないと損、と思ってもらえる工夫をします。「ここから先の指導」については、「いわゆる中だるみと…警戒していた」ということですから、先生のクラスだけのことではなさそうですね。これを機に、ぜひ、学年全体で遅刻指導に取り組むよう学年会で提案してみましょう。

朝のSHRはゼロ時間目の授業と言われるくらい、重要です。一日の始まりのＳＨＲでは、生徒の顔つきや表情を見て、変化がないか確認することが担任の大事な仕事です。また、提出物を集めたり、その日一日の予定や連絡事項を伝えたりして、一時間目から始まる授業の準備をします。シャーペンの芯はあるか、消しゴムはあるかなど、小さなことですが、朝のSHRで確認できれば、一日の授業を円滑に受けられます。大切な時間を無駄にしていることに気付かせましょう。

社会に出れば、企業でも業務開始前にミーティングをすることがあります。集合に参加しない場合、当然、遅刻として判断され、始末書作成か減給処分になり、場合によっては肩を叩かれる原因になるかもしれません。学校は社会に出るための準備機関でもあります。決められた時刻に間に合わないのであれば、その記録を残して、一定数を越えるようであれば、保護者への連絡を行い、学年や生徒指導部で指導する体制を整えると、生徒は遅刻の重みを感じるのではないでしょうか。

事例27

社会人と交際し、学校生活に無気力になっている生徒がいる

高校２年生の担任です。最近、高価なブランドのバッグや持ち物に華美なものが増えた女子生徒がいます。本人から、家庭の事情で、スーパーのレジ係のアルバイトを始めたと聞いていましたが、その給料で買えるようなものではありません。クラスの他の女子生徒にこっそり聞いたところ、交際しはじめた社会人がいて、その人から買ってもらっているのではないかというのです。そればかりか、放課後に校門の前に車が横付けされていることもあって、この生徒を迎えに来ているというのです。担任から見ても、外見の変化だけでなく、学校生活に無気力になっている様子は見て取れ、校外の交友関係が影響しているのは明らかです。クラスに友達はいますし、居場所もあるのに、外的な要因によって学校から離れていってしまう生徒に、担任としてどう接すればいいのでしょうか。

事例27へのアドバイス

与えられる刺激と比べ、学校が色あせて見えるのでしょう。ですが、それを説得してもたぶん耳に入りません。極端な言い方をすれば、外で誰と付き合おうと学校生活がきちんとしていればいいわけです。「いまのあなたの学校生活はちゃんとできている？」と問いかければ、生徒本人でも答えは出せると思います。ただ、わかっていても実行できるかは別問題。担任は、生徒の考えや思いに寄り添ってあげましょう。時間がかかるのは覚悟して下さいね。

学校の校門に車を横付けしているということは、未成年と認識しているはずなので、交際している相手側にも問題があります。よく生徒と相談し、交際をするのであれば卒業後にするように話をするべきです。その上で、許可なく校門に横付けが変わらなければ、相手にも注意をすべきです。保護者に状況を伝える必要があります。担任一人で抱えないで、先生方に相談して状況を説明し、協力をいただいたほうが良いと思います。

学校外に誘因がある場合、学校生活に目を向けさせることが難しくなりますね。クラスに友達がいて居場所があるうちに、早期に対応したいところです。いまこの生徒から目を離してはいけません。交際しはじめた社会人がどのような人なのか、周囲の生徒からより情報を集めましょう。また、本人が学校生活をどう考えているのかを聞いた上で、最近の本人の変化と、担任として心配していることを、保護者に伝え、様子を観察しましょう。

事例28

部活動が生活の中心で、成績が下がり始めている生徒がいる

高校２年生の担任です。本校の文化祭に憧れて入学した男子生徒がいます。１年生のときに実行委員に立候補し、いまは学校の中心となって文化祭の運営準備をしています。部活動は運動部に所属し、土日も含めてとても熱心に取り組んでいます。しかし、本人は文化祭と部活動以外はほぼ興味がなく、授業中は疲れてほとんど寝ているか、こそこそと部活動の練習メニューを考えているかのどちらかです。そのため、成績は徐々に下がっていて、高校卒業後の進路選択は「そのうち考える」という状態です。担任としては、いつか勉強に向かうスイッチが入ってくれればいいと思いますが、すべての行事が終わり、部活動を引退したら、「やり切った感」で燃え尽きてしまうのではないかと心配しています。いまの段階で、本人にどのような話をしたらよいでしょうか。

事例28へのアドバイス

本人はとても充実した高校生活なのでしょうね。まずは部活動以外の目標を立てさせてはどうでしょうか。進路選択のことは先だとしても、学習面や生活面など、簡単な目標で構いません。それでも、「部活動のことしか考えられない、考えたくない」というのであれば、部活動の顧問の先生から、勉強と部活動の両立を提案してもらいましょう。顧問の先生の理解が得られない場合は、部活動の先輩のロールモデルを示してはどうでしょうか。

バーンアウト予備軍ですね。ご心配はもっともですが、そこまで打ち込めることがあるってことは素晴らしいことです。「いまは、とことんやってみろ」と私なら言っちゃいますね。担任が一番の応援団でありたいです！　その上で、機会があれば高校卒業後も別の形で「部活」が続けられる進路について一緒に考えてみてはいかがでしょう。大学の体育会やサークル、部活動での技量を活かせる仕事などです。部活動の顧問がやりたくて高校の教員になった、という同僚はあなたの周りにいませんか？

担任としてはとても心配ですね。学校生活では教科学習と行事などの体験的学習は「両輪」です。大学進学に行事は無駄なものと考える生徒もいる中、いまやりたいこと、できることを見つけて努力しているのであればそれほど心配はないでしょう。例え一時期は燃え尽きたとしても、彼には行事や部活動の運営もできる力があるようです。日々の学習の大切さを説き、適切な進路情報を提供すれば「そのうち」は来ます。待つことも一手です。

事例29

保健室に居場所を見出し、頻繁に教室を抜け出す生徒がいる

高校１年生の担任です。養護教諭から、クラスのある生徒について話がありました。その生徒はここ数日、昼休みになると毎日保健室に来て昼食を食べていて、養護教諭が理由を尋ねると「保健室の居心地がいいから」と答えたそうです。その生徒が今日、授業中に保健室に来て、「授業中もいていいですか？」と言ってきたとのこと。授業担当の先生には体調が悪いと嘘をついて抜け出してきたようです。この生徒の教室での様子を見る限り、大きなトラブルは見当たらないように思います。しかし、養護教諭からは、「このまま少しずつ教室に行けなくなっていくことが心配です」と言われてしまいました。このような場合、どう対応するのが良いでしょうか。

事例㉙へのアドバイス

しばらくの間、生徒がしたいようにさせてはどうでしょうか。その間に養護教諭を通じて生徒の本音を聞いてもらいます。本音がわかったところで、担任の出番です。何も知らないことにして、担任として生徒の本音を聞き出します。養護教諭に言った内容と同じなら、それが生徒の本音でしょう。生徒の気持ちがわかれば対応策も考えられます。養護教諭との連携が重要と考えますので、十分な情報交換をしながら、生徒にとって一番良い指導を考えてみてはいかがでしょう。

その生徒の様子をどう見ていますか？　本当に追い詰められているのなら、保健室登校でしばし自分を保つ時間をもつのもありだと思います。事情があっても話したくない場合もありますから、いま、どうしたいのかを聞いてあげましょう。ただリミット（履修要件）はありますから、養護教諭やカウンセラーさんとも相談の上、保護者にも連絡を取って、いずれは教室に戻れるよう、促してあげましょう。自分で気持ちの整理をする時間も必要です。

この生徒は、教室にいるときに何らかのストレスを感じているか、先生たちに構ってもらいたいかのどちらかなのだと感じます。まずは今回の件を理由に面談の時間を作りましょう。あまり重い空気ではなく、軽い感じで「保健室は休憩所ではありませーん」などの声掛けをしてみてください。その上で、真面目な雰囲気で、教室で何か苦しいことがあるのか、聞いてみましょう。その内容によって、今後の方針を考えてみてはどうでしょうか。

事例30

自分の行動が周りに与える影響を気にせず、ノリでふざける生徒がいる

高校２年生の担任です。静かな女子とにぎやかな男子という組み合わせで、男女間での精神年齢の差が大きいクラスです。先日、ある男子が授業中にうるさい、という意見が寄せられたため、この男子生徒と話す時間を作りました。授業中にふざける理由を尋ねると、「いや、なんというかみんなとのノリで」という答えが返ってきました。この生徒は、行事等のときには率先してクラスの指揮をとってくれる生徒なので、「行事のときのように、授業でもみんなの模範となるような振る舞いをしてほしい」と伝えると、「みんなのノリ次第ですね！」と考えの浅い返答でした。根本的な原因は、この生徒が自己と正対せず、自分の行動が周囲に与える影響を考えないことだと思います。この生徒にそのことを自覚させるにはどうすればよいでしょうか？

事例30へのアドバイス

生徒は、自身の行動について軽く考えていると思われます。憲法で保障されている「自由」は、他人を害しない中でのことです。この場合は、他人の学問の自由を奪う行為ですので、ノリでは済まされない状況です。場合によっては、授業規律に関する指導を行い、事の重さを自覚させるべきです。また、LHRで、授業中に不真面目な生徒についてどう思うかのアンケートを取り、話し合いをさせると多少は効果があると思います。

この生徒の根本的な原因まで見据えているのですね。周囲の生徒の雰囲気（ノリ）で行動を変えているとしたら、まずは彼をうるさくさせる仲間を呼び出して指導するのはどうでしょう。また、周囲のことを察する力が弱いようです。騒がしいことで授業に集中できず、困っている人がいること、また、授業中は限られた時間で多くのことを身に付けなければならない時間であることなど、「当たり前」のことを再度確認してみてはいかがでしょう。

「みんなのノリ次第」というその生徒は、先生に注意されてまでもみんなの期待に応えるのが自分の役割と思っているのですね。痛々しい気がします。期待される役割に応え続けること、役割の固定化は、大人でさえもしんどいことです。応え続けることで不安を解消している面もあるでしょう。根本的な原因を断言する前に、まずは、彼と本音トークの面談ができると良いですね。楽にしてあげてください。

事例31

「友達だから何をしても許される」と思っている生徒がいる

高校１年生の担任です。対人関係でよくトラブルになる男子生徒がいます。入学当初から教科書の貸し借りをしてはいけないと伝えてきました。しかし、鍵のかかっていない他クラスの友達のロッカーから無断で教科書を借りてきて、勝手にその教科書にパラパラ漫画を描いて喧嘩になってしまいました。これまでもこの生徒は、悪ふざけのつもりで友達を脅かして相手にけがをさせてしまったり、親しみを込めて呼んだあだ名で相手を怒らせてしまったりしています。この生徒にとっては「友達だからいいでしょ」と思うことが、相手にはそのように伝わりません。私が指導をしても、「自分としては悪いことをしたつもりはない」と反省にも至りません。考え方や常識を測る物差しは人それぞれ違うということを、どう理解させたらいいのでしょうか。

事例31へのアドバイス

「自分の物は俺の物」「他人の物も俺の物」といった、自己中心的な考え方をしているようですね。「友達だからいいでしょ」という発想自体、他人には理解してもらえません。軽い気持ちで行動しているようですので、一度、しっかり考えさせる場面を作る必要があると思います。相手の気持ちを考えさせる場面を作ってはどうでしょうか。場合によってはロールプレイなども有効です。スクールカウンセラーに相談してみるのも1つです。

このような生徒に「相手の気持ちを考えて行動しなさい」は通用しません。はっきりと、「相手は困っている」「相手は嫌なことをされたと思っている」「迷惑だと思うこともある」と言いましょう。「自分としては悪いことをしたつもりはない」というのは、相手の気持ちを想像する力がないのですから、いくら言っても反省することはできません。「してはいけないこと」を具体的に繰り返し伝えることが大切です。

悪気がないとのことなので、指導時に気持ちを穏やかに保つことが大前提です。この生徒には「普通・常識」という言葉は使わないようにしましょう。「同じことをされたら私だったら嫌だと感じるよ」などと、その行動に対するあなたの気持ちを、その都度教えてあげてください。その上で「無自覚に人に嫌な思いをさせないための工夫」を一緒に考えていきましょう。試行錯誤を重ねれば、徐々に改善されていくと思います。

事例32

友人の軽い一言で傷ついた生徒が学校を欠席してしまった

高校１年生の担任です。３人の仲良し女子グループがいます。普段から常に一緒に行動していて、悩みを打ち明け合ったり、休日に遊びに行ったり、とても楽しそうです。そのうちのひとりが人気のお笑い芸人に似ているということで、モノマネをしては笑い合っています。ところが、ある日「学校の文化祭でモノマネを披露しなよ」と軽い気持ちで言った２人の言葉に傷ついて、その生徒は学校を欠席してしまいました。翌日、私が本人に話を聞くと、これまで体形や喋り方が似ていると言われてきたことも、実はずっと嫌だったというのです。わざと笑い者になることによって友達関係を維持してきたけれど、これはいじめと同じで、辛くて仕方ないというのです。これまで気づいてあげられなかったことを悔やむとともに、この生徒をどう支えてあげたらいいのか悩んでいます。

事例32へのアドバイス

まずは「担任として気づいてあげられなくてごめんね」と正直に言ってもいいと思います。その上で、本人が担任にどうしてほしいのか、聞いてみましょう。今回のことだけを仲裁してほしいのか、それとも日常の笑い者のキャラクター自体をやめてほしいのか。担任としては、「無理にキャラクターを作って友達を作るのがつらいなら、我慢する必要はなく、新たな友達関係を築いてみたらどうかな」とアドバイスしてはどうでしょうか。

仲の良い２人の生徒は、基本的に悪気がなかったのだと思いますから、この生徒がきちんと自分の気持ちを２人に伝えることが重要ですね。本人が自分で２人に伝えられればそれが一番だと思いますが、難しいようであれば同意を得た上で、３人での話合いに立ち会う形を取りましょう。その場ではあまり発言はせずに、３人の発言がすれ違っていると感じた時の調整役に徹するとよいでしょう。

友人たちは、その生徒がモノマネを好んでやっていると思っている可能性が高いですね。友人たちには正直に、嫌われないためだったと伝えていいと思います。嫌なモノマネをしないと続けられないような友人関係は、本当の友情ではありません。親しき中にも礼儀ありです。その件は、本人たちに考えさせる場を設けるべきでしょう。もし、自分が相手の立場になったらどう思うかなど……。

事例33

掃除当番を巡って生徒たちがトラブルになってしまった

高校２年生の担任をしています。勤務校ではある運動部が強豪で、クラスにその部活の生徒が３人います。そのうち２人はレギュラー選手として活躍しており、顧問からの評価も絶大です。一生懸命なのは良いのですが、先日、選手になっている２人が掃除当番をサボりました。しかも、残りのひとりの生徒が代わりに掃除をしているのです。事情を聞くと、大会が近かったため２人に頼まれ、快諾したとのことでした。私は、当番はしっかり行うべきだと考え、翌日２人を呼び、その旨を伝えました。すると、更にその翌日、掃除を代わりにやった生徒が血相を変えて「先生、なんであいつらに言ったんですか！」と言ってきました。チクられたと感じた２人が、口をきいてくれなくなったというのです。状況を悪化させないためにはどうしたらよいでしょうか。

事例33へのアドバイス

今回は、なぜ２人は掃除をしなくてひとりで掃除をしたのかを、それぞれに話をさせてから、当番は自分の手でしっかり行い学校生活を大切にしてほしいことを伝えると、告げ口により指導されたという勘違いが起こらなかったでしょう。３人で協力して取り組むことで役割を果たしながら短時間で完了できる。身代わりさせず自分の役割は自分でこなす。やってあげることは本人のためにならず「間違った優しさ」であることを伝えてみてはいかが？

掃除当番はどのようにして決めていますか？　私は、生徒の個々の事情を考慮して、各自の清掃当番日を決めさせています。校外での習い事や個人のプライベートも考慮するため、清掃分担が決まるまでには２週間以上かかることもあります。分担が決まっても、突然の事情で掃除ができないことはあります。そのときには、清掃班のメンバーに相談して、その日は参加しないか、代理を他の生徒に依頼するかを考えさせます。その結果は、毎日の清掃チェック表に記録しておきます。

悪化させないことも大事ですが、部活での実力差をそれ以外の場に利用したり、自分の役割を他人に押し付けたりすることの問題を認識させたいですね。「快諾」があっても、「チクられた」と疚しさも感じているのですから、これを機会に、気持ちよく学んだり部活に励んだりできる環境を維持していく必要性について、生徒に届く言葉で伝えてみましょう。当番の決め方などは生徒に話し合わせて、自分たちでルールを作らせるのも解決方法の一つです。

学校以上にアルバイトに入れ込んでしまっている生徒がいる

高校１年生の担任です。私の所属校では、アルバイトは特に禁止されていません。基本的には部活動に入る生徒が多く、その中でも活動日の少ない部の生徒が、学業に支障がない範囲でアルバイトをしているような現状です。ほとんどの生徒はきちんとバランスを取っているのですが、先日、私のクラスの生徒が「先生、今日どうしても早い時間からバイトのシフトに入らないといけないから、早退させて下さい」と言ってきました。「それは学業に支障が出てしまっているよね？」と伝えると、「自分が行かないとお店が回らないんです。お客さんにも迷惑がかかります！」と強い口調で言い返してきました。責任感をもって働くのはいいことだと思いますが、ここまでバイト先に入れ込んでしまっている生徒にはどのように指導するのが効果的でしょうか。

事例㉞へのアドバイス

雇用契約の際に、労働条件として勤務時間帯が学業に支障がない形を取っていないのでしょうか。契約内容によっては、出勤を拒否すると生徒に不利益が生じます。まずは契約書類で労働条件をしっかり確認させましょう。お店側は、契約した勤務時間帯以外には本人が合意しない限り従事させられないはずです。保護者にも協力してもらい、学業に支障が出ない形を徹底させたいですね。こういった知識を学ぶのも大切なことだと思います。

なんて正直な生徒でしょう。嘘をつかずにアルバイトで早退すると。とても真面目な生徒さんなのでしょうね。次のようなことを伝えてみてはどうでしょうか。①一度早退したら、今後もお願いされる可能性が高いこと。②都合よく扱われているだけで学生が本業であることを店側が軽視し、本人の責任感を利用していること。③学校を早退しろと店が命じたのならばブラック職場であり、あなたを守るために保護者とアルバイト先に話す覚悟があること。

大人はずるいので、アルバイトの高校生をいいように使います。「キミがいないと店が回らない」などと言われれば、生徒は「自分は頼られている。自分の存在は大きい。店長は自分を高く評価している」と考えて、つい、アルバイトに力が入ります。無理してアルバイトに励んだために学業がおろそかになっては本末転倒です。これらのことを生徒に伝えて、よく考えさせましょう。長い目で、将来を見通すことが重要であることに気づかせてあげるのがよいのではないでしょうか。

事例35

順位へのこだわりが強く、勉強や部活動で自信をなくしている生徒がいる

高校１年生の担任です。中学時代、定期考査での成績もよく、部活動では主将を務めるなど、周りからも一目置かれている男子生徒がいます。高校生活にも自分なりの理想と目標をもって入学してきたのですが、最近、勉強や部活動がうまくいかないと悩んでいるようです。定期考査や模試の順位をやたらと気にするものの、前回の模試と比べてどの教科が伸びたかや、どの単元が苦手かなどには目を向けようとしません。部活動でも、これまでの練習と違う方法を顧問に提案されてから、すっかり自信をなくしてしまったようです。私は、目標をもって努力している姿勢を褒めているのですが、自分の中のこだわりが強く、納得がいかないようです。この生徒が周囲の生徒と比較せずに、自分らしく生活するために、担任として力になってあげたいと思っています。どうしたらよいでしょうか。

事例㉟へのアドバイス

中堅校以上の生徒にありがちなケースです。小規模校の出身者や塾での順位偏重の姿勢が影響していることもあります。また、偏差値を過剰に気にする生徒もいます。進学希望者であっても、昨今の大学等の入試制度は多様で、考査の順位や偏差値がそのまま合格不合格に反映する程には単純ではありません。高い順位や偏差値を上げて、何を実現したいのでしょうか。まずは、その辺りをじっくり聞いてみたいものです。

自分が人より優位に立つことでプライドを保ってきた生徒だとすると、比較するなというのは無理だと思います。徹底的に比較して本物の壁を認識したほうが、自分の足りないところに気がついて、考え方や方法を改められるのではないでしょうか。先生は折に触れ、苦手や弱点を克服することが本物の実力を高めていくことを教えてあげてください。またこれまでのご指導通り、目標をもって努力する姿勢を褒めてあげ、励まし続けてあげましょう。

成績は、様々な苦手な部分を克服していって、その結果として現れるものだと思います。ソクラテスの言葉で、「無知の知」という言葉があります。「ある程度努力して知識を得たとしても、自分が知らないことがあるのだということを知って、無知ゆえに尊大にならず謙虚に他人の話にも傾聴せよ」という意味です。過去の賢者のそのような姿勢から学ぶことがあるのではないでしょうか、ぜひ、その話を生徒に伝えてみてください。

事例36

自閉症スペクトラム障害で特別なサポートが必要な生徒がいる

高校２年生の担任です。私のクラスに自閉症スペクトラム障害と診断されている男子生徒がいます。中学校のときに医療機関で診断されており、入学時に保護者から学校へ伝えられました。この生徒はこだわりが強く、１つのことに集中すると周りが見えづらくなるため、チャイムが鳴ったことに気付かずに、ひとりになった教室で数学の問題について考えていることもあります。近頃では、周りの生徒はこの生徒の個性を受け入れ、クラスの中でも打ち解けてきました。しかし、気分に波があり、気に入らないことがあると急に男子トイレに籠ってしまうのです。普通科高校では支援体制がまだ十分ではないので、専門家の助言を得る機会もありません。担任はこの生徒のことだけを考えるわけにも付きっきりでサポートするわけにもいかず、悩んでいます。

事例㊱へのアドバイス

まずはとにかく早く専門家の助言や支援を受けられるように、管理職に相談するようにしましょう。その他にできることは2つです。1つ目は、保護者に改めてどう対応するのが本人にとってよいのか話を聞くことです。2つ目は、出身中学校で担任をしていた先生に、どう支援していたのか話を聞くことです。それらを踏まえて、とにかくひとりで抱え込まず、学校全体での支援体制を作ってもらえるように動いていきましょう。

事前に保護者からの申請があるので、学校での状況を保護者の方に伝えて、そのような場面ではどのように関わるとよいのか教えていただくことが良いでしょう。担当の主治医もいるはずなので、直接相談できるとさらに良いかもしれません。クラスの生徒と打ち解け個性として受け入れつつあることは良い傾向です。スクールカウンセラー、特別支援委員会などの校内組織、養護教諭などとともにひとりで抱えず学校全体で支えていきましょう。

自閉症スペクトラム障害とのことですので、この障害の特徴や対処法について基本的な知識を得ることが必要です。校内の養護教諭やスクールカウンセラーとも協力して、適切な対応策を講じましょう。そして、クラスの生徒にも、接し方について教えてあげてください。排除するのではなく、一緒に学ぶ姿勢を作ることが重要です。まさに、特別支援教育のあるべき姿を実践するのです。担任がひとりで対応するのではなく、みんなで対応するといいと思います。

事例37

授業への焦りからリストカットをしてしまう生徒に悩んでいる

高校1年生の担任です。昼休みの職員室に、クラスの生徒が凄い勢いで駆け込んできました。女子生徒の1人が廊下の端の死角になっているスペースで大泣きしているというのです。急いで駆けつけると、過呼吸というのでしょうか、苦しそうな呼吸音とともに大泣きする生徒がおり、その近くにはカッターナイフが落ちていました。あとから来てくれた養護教諭の対応でなんとかその場は収まりました。泣きやんだ生徒に事情を聞くと、実は中学の頃はよくリストカットをしていたこと、高校に入学してからはリストカットを我慢していたことを話してくれました。最近、授業が難しくなってきた焦りから、この日はリストカットをどうしてもしたくなったようです。私にはリストカットをする生徒の気持ちが全く理解できないのですが、どう接するのが良いのでしょうか。

事例 37 へのアドバイス

初めての場面に遭遇してショックでしたね。本人もなぜそのような気持ちになったのか正直に話ができているのは、担任を信頼しているからでしょう。努力したのに結果が出ないと必要以上に自分を責めてしまうことがあるそうです。我慢できない思いに追い詰められた結果だと考えてください。まずはリストカットをずっと我慢していたことを褒めてあげてください。リストカットをやめさせるより大切なことは悩みを十分に聞くことです。

「リストカットはストレス解消」と言う生徒もいますよね。リストカット自体が悪いということではなく、なぜしてしまうのか、に焦点を当てましょう。担任がその理由を聞き出す必要はありません。養護教諭やスクールカウンセラー、担任団の誰でもいいのです。「私には理解できない」ことを担任が言ったり態度で示したりすると、生徒は心を閉ざし何も話してくれなくなり、状況がさらに悪化します。複数人で対応しましょう。

自傷する人の気持ちは理解できないと思いますが、変に感情移入しない方が良いと思います。「自殺しないため」「暴力をふるう代償として」自傷する人もいるといいます。「自分を大切に」といった説教めいた言葉は、私の経験からしても相手には響きません。つらいこと、しんどいと思っていることを否定せずに受け止めてあげることが第一歩だと思います。そこから、養護教諭やカウンセラーさんなどの専門家に橋渡ししてあげられれば良いですね。

事例 38

学校を休みがちで、
卒業できなくなりそうな生徒が
投げやりになっている

高校３年生の担任です。２学期も中盤に差し掛かっているのですが、ある生徒が学校を休みがちになっています。１学期からの欠時数を合わせると、このペースでは未履修になる科目が複数ある状況です。１学期から複数回面談を行い、きちんと学校に来ないと卒業できなくなる可能性があることなどを話してきました。しかし、そういう話をすると必ず「先生はそうやって私のことを退学に追い込みたいんだ。退学させればいいじゃないですか。私だってこんな学校卒業したいと思っていません！」と反発をしてきます。母親には三者面談を提案しているのですが、「先生にお任せします」と断られてしまいます。私としてはなんとか乗り越えて卒業まで頑張ってほしいのですが、どう対処すればよいのか見当がつきません。助けてください。

事例㊳へのアドバイス

生徒の真意がわかりませんので、もう一度面談をして、聞いてみてはどうでしょう。何が原因で学校を休むのかがわからないと、対処もできません。それとも、担任とは話もしたくないのでしょうか。もし、担任と話がしたくないというのなら、他に話ができる人はいないでしょうか。養護教諭でも、スクールカウンセラーでも、学校司書でも、部活動の顧問でも、誰かひとりくらい話ができる人はいると思います。親子関係も含めて事情がわかれば対応できます。

最初の頃にどんな言葉をかけましたか？　私の経験でも「このままでは卒業できない」という言い方は、ひどく生徒を傷つけていました。同じことでも「みんなと一緒に卒業してほしい。そのためには……」という言い方で、味方だよと伝えつつ、授業のなくなる時期までは何とか頑張ろう、と励ましましょう。面談拒否の親でも、未履修まであと何時間という報告は随時入れておく必要があります。主任や管理職にも相談し、学年団で対応するようにしましょう。

この生徒の行動の目的は、もしかしたら母親を困らせることかもしれません。母親からの愛情が不足しているのだと感じます。ただ、18歳にもなってわかりやすい形の愛情を得るのは難しいですよね。従って、この生徒には母親からの精神的な自立を促すのが良いでしょう。「こんな学校卒業したいと思っていません」という発言をしてくるあたり、先生のことは信頼してぶつかっているのだと思います。一緒に悩んであげてください。

事例39

進路指導で大学に行かずに起業したいと言い出した生徒がいる

高校３年生の担任です。私の所属する学校では、４年制大学や短大等への進学と就職が例年だいたい半分ずつです。現在、進路指導のための面談を行っているのですが、いままでずっと大学進学を希望していた生徒が、急に「先生、俺本当は大学に行くつもりないんだよね」と言ってきました。「就職？それならもう早く動かないと！」と伝えると、「いや、俺起業します！」と言うのです。あまりにも突拍子がないと感じ、そんなに簡単ではないことなどを話すと、「そんなことわかっていますし、ちゃんと去年から準備を始めています。でも、内容は先生や学校には話したくないし、親にもまだ黙っていて下さい」と言われました。このような場合、担任としての指導でどこまで踏み込んでよいものなのでしょうか。

事例39へのアドバイス

いかにしっかり考えていると言えども、聞いてしまった以上は何もしない訳にはいかないと思います。その旨をしっかり生徒に伝えて、保護者には自分から話すか、こちらから話すかを選択させましょう。保護者の了承が得られれば、反対する必要はないと思います。しかし、保護者の了承が得られない場合は生徒の味方になりつつ、折衷案を提示できるようにしましょう。大学で、学業と両立しながら起業している学生もたくさんいます。

起業を考えているということなら、最低限度の資本や法律の知識等はあるとは思いますが、生活に必要な費用はどのように考えているのでしょうね。自宅で寝食の心配がない環境での起業を期待しているのなら、やはり、本人から保護者にはお話しする必要があると思います。それとともに、私なら起業している方の話を聞きに行かせます。高校生が真剣に起業を考えているといったら、それに応えてあげたいと思う若い起業家は必ずいます。

成人年齢も18歳に引き下げられ、様々な分野でこれまでの価値観と異なった未来や働き方が拓ける中、進路指導の新たな局面を迎えています。これまで就職はハローワークを通すか、縁故採用だけだったのですが、親権者の同意があれば高校生（未成年）で起業することも現実にできます。1年の準備期間があるようなので、頭ごなしにではなく大学進学よりも起業を選んだ理由などを説明させるなど保護者との面談に向けて情報を集めましょう。

事例40

家庭内のスマホルールを冷やかされて悩む生徒がいる

高校２年生の担任です。家族とのつながりが強い男子生徒から、相談を受けました。その生徒は、高校入学と同時にスマホを購入してもらい、学校に持ってきています。スマホの電源は登下校時しか入れず、単に携行しているだけです。スマホを持っている理由は「親がGPSで行動を把握しておきたいから」だそうです。SNSとも無縁で、クラスの生徒と連絡先を交換することもないため、周りの生徒から冷やかされたというのです。本人は友達から言われるまでこれが普通だと思っており、家庭内のルールを疑ったこともなかったそうです。寄り道も、塾の行き帰りも、駅で友達と話していたことも全て把握し合うこの家族に、担任がとやかく言うことではないと思いますが、相談を受けた以上、何かアドバイスをしてあげたいと思います。どのように相談に乗ったらよいのでしょうか。

事例40へのアドバイス

各家庭にはルールがあります。家族はお互いに納得した上でルールに従って生活することが重要であることを生徒に確認します。もし生徒に不満があるようなら聞いてあげましょう。高校生にもなれば、自分の考えもありますし、親離れする時期でもあります。生徒の言い分が正しければ何ら心配いりません。むしろ、成長の証といえます。今後、家庭内でも親子がぶつかるかもしれません。その時、担任は保護者とも話をする必要があります。

家族のルールは家族にしかわからないものですので、あまり深入りはしないほうが賢明ですね。生徒が冷やかされることを嫌だと思っているのであれば、その生徒には、気にすることはないと伝えます。それでも本人が気にするようであれば、国や企業が収集した客観的なデータを示して、スマホの使い方や家族のつながりなどを考えさせる機会を作ります。あくまでも家庭のルールの是非の判断は、生徒や家庭に任せることがポイントです。

中堅校ではこのように過干渉な家庭、たまに見かけます。方向性に悩むところですが、まずは本人がどうしたいのかを確認しましょう。避けないといけないのは、保護者に、「担任がうちのルールをおかしいと言った」とか「クラスに、うちの子をいじめる生徒がいる」と思われることだと思います。この２点を意識しながら、生徒の相談に乗ってあげて下さい。話を聞いてくれる大人がいるだけでも、安心感は大きいはずです。

参考資料③

将来に関するアンケート

あなたの将来の夢は何ですか。どんな仕事に就きたいですか。どのような家庭生活を送りたいですか。将来続けていきたいことは何ですか。

まだ具体的な答えが見つからない人もいるかもしれませんが、将来について考えてみましょう。

1　あなたの将来の夢は？

2　高校卒業後の希望進路は？（該当する項目に○をつけましょう）

大学進学	短期大学進学	専門学校進学	就職	未定

3　将来の希望進路について具体的に考えていることを記入しましょう。

4　次の項目についてあてはまるものには○、どちらかと言えばあてはまるものには△、あてはまらないものには×をつけましょう。

学びに関すること	高校を卒業してからも学ぶことは続けていきたい。	
	自主的に学んでみたいと思うことがある。	
	取得したい免許・資格がある。	
	将来の仕事に関連する勉強をしたい。	
	自分の興味・関心や趣味に関連する勉強がしたい。	
	今まで取り組んだことがない新たな学びに挑戦してみたい。	
	これからの人生を豊かにしてくれる学びがしてみたい。	
仕事に関すること	入社から定年まで同じ会社で1つの仕事に打ち込みたい。	
	仕事の中で新しいスキルを身に付け、成長していきたい。	
	できるだけ多くの賃金が得られる仕事に就きたい。	
	地位や名誉を得られる仕事に就きたい。	
	自分の能力・適性を活かせる仕事に就きたい。	
	人の役に立つ仕事がしたい。	
	社会に貢献できる仕事に就きたい。	
家庭生活に関すること	結婚して自分の家庭をもちたい。	
	子どもが欲しい。	
	夫婦共働きで生活していきたい。	
	家事は夫婦で分担して行いたい。	
	親と同居して暮らしたい。	
	将来的には自分が親の面倒を見ていきたい。	
	将来的には子どもに自分の面倒を見てもらいたい。	
その他	これからも取り組んでいきたい特技や趣味がある。	
	ボランティア活動などに取り組んでいきたい。	
	自分が住んでいる地域の活動に参加してみたい。	

年　　　組　　　番　氏名＿＿＿＿＿＿＿＿＿＿＿＿

生徒と個人面談を行う前に、資料のようなアンケートを配布しておくと、話がしやすくなります。この様式のデータ（word）は『CD-Rでアレンジ自在　ホームルーム活動ワークシート』（学事出版）に収録されています。

保護者関係の悩み

事例 41

最初の保護者で何をしたらよいのか わからなくて不安でいっぱい

４月から初めて担任になります。担当は高校１年生です。学年団で様々な入学準備を行う中で、保護者会の話題になりました。担任の仕事についてあまり深く考えていなかった私は、「最初の保護者会は何をしたら良いのでしょうか？」と周りの先生方に聞いてみました。しかし、ベテランの先生からは「初めての担任なんだから何をやったっていいんだよ。頑張れ！」と言われ、別の先生からは「担任３回目なんだけど、僕もピンと来ていなくて。こんな先生だ、というのが伝われば良いのでは」と言われました。相談には乗ってもらえるものの、結局何が正解なのかわかりません。このままでは、最初から保護者の方に不安に思われてしまうのではないかと怖くてたまりません。最初の保護者会で押さえておくべきポイントは何でしょうか。

事例41へのアドバイス

入学式後、初めての保護者会という学校が多いようです。その場合、やはりあなたの人となりを知ってもらい、ホームルーム経営方針を伝えるなどとともに、「学校と家庭と連携して生徒を育てていきたい」など、家庭と良い関係を築いていきたいという趣旨を自分の言葉で伝えましょう。実際には、これが「正解」というやり方など存在しません。初対面の生徒に向かって真摯に伝えた言葉と同じことを、保護者の皆さんにもお伝えすればよいと思います。

あなたが保護者の経験をしていないと、なおさら心配になるかもしれませんね。押さえておくべきポイントは３つ。方針の説明、礼儀、謙虚さです。ホームルーム経営を１つのプロジェクトだと考えたときに、このプロジェクトを運営するにあたっての方針を明確に伝えることで信頼感につながります。そのとき、正しい言葉遣いや服装で話し、だからといって背伸びせずに、初心者らしく一生懸命に話せばいいと思いますよ。

保護者に話すことを盛り込んだ、号外ホームルーム通信を用意しましょう。そこに、「私はこんな人間です」といった内容も盛り込んではいかがですか。自己紹介、「こんな先生になりたい」、当面の行事予定、お願いしたいこと等、必要な連絡を書いておけば、伝え忘れの心配もありません。その上で、保護同士で「高校生活で心配なこと」について話し合ってもらうのはいかがでしょうか。保護者同士の人間関係が深まることは、必ず生徒にもプラスになります。

保護者会を実りのあるものにするにはどうしたらよいのかわからない

高校１年生の担任です。今年、初めての担任をもち、１学期の間は訳がわからないながらも何とか乗り切ることができました。夏休みも終盤に差し掛かり、２学期のことを考えているのですが、２学期の半ば頃に２回目の保護者会が予定されています。１回目の保護者会は緊張でどうやって乗り切ったのかも覚えていないのですが、今度の保護者会は少しでも実りあるものにしたいです。そこで質問なのですが、保護者会とは本来なんのために行われるもので、「良い保護者会」にするためにはどんな内容がいいのでしょうか？周囲の先生方に聞いてもなかなか明確な答えが得られず、困っています。

事例42へのアドバイス

私は２回目の保護者会では、進路について家庭でどのような準備が必要なのか、学校と家庭での連絡を密にして、生徒の進路実現に向けて行く話をします。昨年の就職や進学の実績を進路指導部から出してもらい、その情報をもとにお話をします。進学については、資金面の準備もあるので、１年生のうちにお話ししておいたほうが良いです。

私の考える「良い保護者会」とは、教師の発言より保護者の発言が活発な会です（授業と同じです）。１学期に心配していた共通の話題があれば、その後を話し合ってみてはいかがでしょう。また、2学期の中盤にさしかかり、新たな悩みも生まれているかもしれません。「いま、困っていること」というテーマで改めて話し合ってはいかがですか。保護者が、「うちの子だけではなかった」と安心し、保護者同士がつながる機会になるなら、保護者会は大成功！必ずや生徒のプラスになるはずです。

「良い保護者会」を目指すのではなく、「来てよかったと思える保護者会」を組み立ててみてはいかがでしょうか。学校での様子、ホームルーム日誌や行事前後の作文に何を書いているか、という学校での様子を伝えればいいと思います。また、子育てで困っている共通の悩みを共有する場を作ると盛り上がります。グループを作って「うちの子の困ったところ・頑張っているところ」というテーマで話してもらってはいかがでしょうか。

事例43

不登校気味の生徒の保護者が成績に関して無理な要求をしてきた

高校２年生の担任です。中学校のときから学校にあまり通えていなかった、不登校気味の女子生徒がいます。その保護者が、「この子は学校に通えないという障害なので、他の生徒と同じように評価してほしい」とか「推薦選抜で大学進学を目指しているから、５段階で４以上の成績を付けてほしい」などと要求してきます。さらに、中学校時代の担任は、欠席のときには個別に自宅学習の課題を出してくれたり、テストを受けなくても成績を付けてくれたりしていた、他校に通っている兄も不登校だが、診断書を出したら良い成績が付いたと主張してきます。本人の欠席がなぜ続くのかもわからない状態で、この生徒にだけ有利になるようなことは「合理的配慮」の域を超えていると思うのですが、保護者の勢いに圧倒されてしまい、何と言い返せばわからず困っています。

事例43へのアドバイス

私なら、配慮しちゃいますね。一番の問題は、保護者がわが子の「学校に通えないという障害」と向き合って来なかったということです。ここまで至ると、もうどうしたら良いのかわからなくなっておいでなのかもしれません。義務教育である中学校とは異なる高校の成績の付けかたや進級規定をご理解いただいた上で、具体的にどんな「配慮」ができるかを保護者と担任とで一緒に考えてみてはいかがですか？

生徒の個性を尊重して、必要な「合理的配慮」を行うことは大切です。しかし、事例の場合、ひとりの生徒だけに有利な扱いをすることになるので、不公平であり「合理的な配慮」の枠を超えてしまいます。生徒の真の実力に合った大学に進学するほうが本人のためになります。それよりも、なぜ欠席するのか、欠席する原因を究明して、取り除いてあげることによって、学校に来ることができるようになると思います。明るく元気に登校できるよう保護者も一緒に考えてもらうのがよいのではないでしょうか。

話を受け止めてあげる必要がありそうな保護者ですね。でも、話を聞くのと、言いなりに対応するのとは別なことです。「じっくりお話を伺いますから」と伝えて学校に来ていただき、学年主任または管理職同席の上、学校でできることとできないことを整理してお伝えしましょう。義務教育の中学校と高校はもちろん、高校でも学校が違えば、評価基準など違って当たり前。その上で、どんな対応が本人のためになるのか、探っていきたいものです。

事例 44

担任のせいで学校に行きたくないと保護者が言い張って譲らない

高校１年生の担任です。音楽祭が終わった後あたりから、朝になると学校に行きたくないと訴える男子生徒がいます。その保護者とは電話で話していますが、うちの子が学校に行きたくないのは、先生から練習に出ることを強制した発言と高圧的な態度だと言ってきました。担任である私は、そのようなことはしていないし、本人の気に障るようなことを言った記憶はありません。ですが、保護者は、先生の一言でうちの子が傷ついたのだから何とかしてほしいとか、校長先生と直接話をさせてほしいとか、教育委員会に訴えるとか、無理難題を言ってきます。この生徒は欠席せず遅刻して登校してくると、あっけらかんとしていて、保護者が言うような悩みを抱えているようには思えません。このような場合、保護者とどう関わるべきでしょうか。

事例44へのアドバイス

保護者との関わりの前に、生徒本人との関係はできていますか？　生徒は、家と学校で同じ顔を見せるとは限りません。担任には見えないことがたくさんあると肝に銘じましょう。その生徒に、率直に学校に来たくない理由を聞いてみることをお勧めします。何か話してくれれば、それが解決の糸口です。まずは担任に連絡をくれたのですから、これはチャンスです！　生徒と保護者双方からの話をすり合わせて、解決策を見出していきましょう。

保護者が一方的にヒートアップしている可能性がありますね。本人が家と学校の顔を使い分けて、学校に来たくない理由を学校のせいにしている可能性もあります。本人の意見を聞くことから始めてはいかがでしょうか。生徒と一対一で話したいところですが、さらにこじれてしまうとよくないので、学年主任や、学年団の中で彼が話しやすそうな人を見つけて同席してもらいましょう。それを踏まえて保護者に対面で説明するとよいと思います。

保護者とどう関わるかは二の次です。生徒との関係を改善させることが先決です。もしも話の通り、高圧的な態度に怯えていたとしたら、そもそも学校に来たいとは思わないと思いますよ。保護者が知らない問題をその生徒は抱えているのではないでしょうか。まずは学校の窓口になる副校長先生に間に入ってもらうなどして、どのように本人が受け止めているのか、保護者からではなく本人から直接話を聞いてみる場を作ってみたらどうでしょう。

事例 45

外国籍の生徒の保護者とコミュニケーションが取れず困っている

高校２年生の担任です。担当している生徒の中に外国籍の男子生徒がいます。本人が小学生のときに来日しているので、本人は日本語をほぼ不自由なく話せるのですが、母親の母語が日本語でないため、コミュニケーションが取りづらくて困っています。大事な書類を本人に渡しても、保護者に届くことがほとんどなく、未提出なものも多いです。そのたびに電話をするのですが、うまくコミュニケーションが取れません。父親は海外出張が多く、保護者の同意が得られないと進められないこともあるので、滞ってしまいます。小学校や中学校では、周りからサポートをされてこなかったそうで、学校や教師に対する信頼感が低く、こちらの伝達を聞き入れてもらえません。保護者に自分の子どもの進路を一緒に考えてもらうためには、私はどのように保護者と関わっていけばよいでしょうか。

事例45へのアドバイス

外国籍の保護者は地域から孤立しているケースも多いようです。うまく話さないといけないと思うとハードルが上がってしまいますが、「取りづらい」だけでコミュニケーションは可能だと思います。私はネットで調べた母国語でプリントにあいさつを書いてみたことがあります。また、どんなサポートがあるのか調べて、行政やNPOとつなげてみるのも良いかもしれません。一緒に子どもを見守っていきたいことを伝えれば、保護者も心強いと思います。

保護者と直接お話しする機会を持ちたいですね。提出物はある程度諦めるとして、本人の進路に関わることだけは、ご両親又はどちらかに一度は学校に来ていただき、確認しながら進めたいものです。かつて、本人を通訳にして手紙を書かせたり、電話をさせたりしたことがあります。最初は嫌がっていましたが、自分の進路のことなので、次第に協力的になりました。コミュニケーションの糸口を何とかしてつかみたいですね。

まずは、管理職に相談をして、教育委員会による学校現場への通訳派遣制度を利用します。できれば3月末の入学者説明会に通訳に来てもらえるようにしましょう。入学説明会は時期が重なりますから、通訳が必要な生徒が合格したら、すぐにでも手配します。説明会終了直後の面談で、わかりにくかったことや心配なことなどを確認し、本人を仲介しづらい案件（お金のことなど）は、どのようにやりとりするか対応策を決めておきましょう。とはいえ、一番頼りになるのは生徒自身です。保護者と学校の橋渡し役としての重責を意識できるように、生徒自身の成長をサポートすることが肝要です。

事例46

発達障害が疑われる生徒と、それを認めない保護者

高校１年生の担任です。成績は非常に良いのですが、他者と協働する場面では単独行動をとり、集団になじめない男子生徒がいます。相手の気持ちを考えることが苦手なので、自分の思い通りにならないことがあると、暴力的になってたびたびクラス内でトラブルを起こします。保護者に連絡すると、母は「はい」としか答えず会話になりません。父に伝えても「私も高校生のときはそうだったし、個性です」「本人も親も困っていません」「スクールカウンセラーの面談や支援は必要ありません」と言われてしまいました。ホームルーム経営をする中では、一人ひとりの個性が大切だと思う一方で、この生徒以外の安心・安全な環境を作らなければならないと思います。明らかに発達障害が疑われる生徒と、それを受け入れない保護者に、どのように関わっていけばよいのでしょうか。

事例46へのアドバイス

慎重に対応する必要がありそうですね。一般的に、保護者はわが子の発達障害を認めたがらないものなので、「発達障害」は禁句です。しかし、現実を直視してもらうことを視野に入れて、対策を練りましょう。まず、学校での様子について、保護者に詳細かつ客観的に伝えます。特にクラス内でのトラブルについては、詳しい説明が必要です。その上で、わが子のトラブル解決のためにはどうしたら良いと考えるか、保護者の意見を聞きましょう。

男子生徒の父親は自身の経験と重ね合わせて考えがちなので、担任から「発達障害の可能性がある」と言うと、角が立ちます。専門職（スクールカウンセラー）もしくは養護教諭から伝えてもらいましょう。もちろん、暴力的になったときには指導が必要です。その際も、保護者には生徒の様子や周囲の生徒への影響を随時伝達して、情報の齟齬や学校への不信感が生まれないようにしましょう。決して担任ひとりで対応せず、たくさんの人を巻き込みましょう。

学校に特別支援委員会があれば、一緒に取り組んでくれるはずです。担任が保護者の意向を無視して何かを変えることは難しいですが、この生徒が起こすトラブルから他の生徒を守らねばなりません。学校は個性を伸ばすところでもありますが、他者を尊重したり、協働する喜びを学んだりする場所でもあることも理解していただきましょう。担任が厄介者だと思っていると生徒は敏感に感じ取ります。平常心で向き合いましょう。

事例47

親が無関心で放任され、だんだん生活習慣が乱れてきた生徒がいる

高校２年生の担任です。２学期の途中から、ひとりの生徒の遅刻が目立つようになりました。先日無断欠席があったのをきっかけに、家に電話をして用件を伝えると、母親から「娘のことなので本人に伝えてください。私が言っても言うこと聞きませんので」と返され、一方的に電話を切られてしまいました。翌日、本人を呼んで話を聞くと、「母親は５歳年下の弟の中学受験に付きっ切りで、弁当も自分で作りなさいと言われている。朝、家を出る時間が日に日に遅くなってきているうちに、学校に行くのがつらくなってきた」と苦しそうに話してくれました。家庭内の事情に意見するのは難しいと思いますし、事情を踏まえて特別扱いするのも違う気がするのですが、この生徒を支援するにはどんな方法があるのでしょうか。

事例47へのアドバイス

まずは、どうして遅刻してしまうのか、原因と具体的な対応策を本人と一緒に考えてみましょう。母親の愛情が弟ばかりに向かっているのを、寂しがっているようにも思います。まずは、朝は何時に起きれば学校に間に合うか、なぜその時刻に起きられないのか、前夜の寝る時刻、夜更かしの理由等を１つひとつ一緒に振り返り、生活時間の課題の解決を目指します。その上で、自分で弁当を作れるのか、昼食代をおねだりできないかなど、とにかく一緒に考えます。「私はあなたを見ているよ」というメッセージを込めて。

生徒は、家庭での愛情に飢えているように感じます。遅刻は、心配してこちらを見てほしいというシグナルなのではないでしょうか。保護者には、お弁当が作れなくても学校に出かけるときには、子どもに一声かけてくれるようにお願いし、とにかく、親子関係を少しでも改善してもらいましょう。本人には、家族の一員として、忙しい家庭のために家事を少しでも分担するように伝えるとよいのではないでしょうか。

この生徒にとって、自立するチャンスだと思います。まずは本人の気持ちや考えを聞いた上で、生徒自身が解決できることが何か、一緒に考えましょう。母親の気持ちが理解できれば、自ずから適切な行動ができると思います。母親が弟の受験のために一生懸命になっている気持ちを代弁し、いまは、姉としてどんな協力ができるか考えさせてはどうでしょう。

個別に細かい要求をしてくる保護者がいる

高校1年生の担任をしています。先日、1学期の成績が振るわなかった生徒の保護者に連絡すると、「うちの子は家でスマホばかり触っていて、全然勉強しないんです。小学校の頃は宿題があればきちんとやっていたので、学校から毎日宿題を出してもらうことはできませんか？　それと、その宿題の提出状況を逐一教えてもらえるとありがたいです。私が言ってもうちの子は言うことを聞いてくれないので」と、頼まれてしまいました。その場で断ろうとしたのですが、とにかく検討だけでもしていただきたいですとの一点張りでした。保護者の気持ちも理解できますが、他にもやらないといけない仕事は山積みで、個別に対応するのは厳しいものがあります。このような保護者にはどう対応するのが良いのでしょうか。

事例㊽へのアドバイス

実際に頼まれた通りの対応はできないと思いますので、まずはきちんとその旨を母親に伝えましょう。でも、母親も困っていると思いますので、負担に感じない程度の頻度で学校の様子を家庭に連絡してみてはどうでしょうか。課題が提出されていないときに連絡したり、生徒が良いことをしたときにも連絡をしたりすると良いと思います。協力関係を築けると、心強い味方になってくれそうな母親だと感じました。

気持を抑えて、声も柔らかく、「こういう指導をしようと思っていますが、ご家庭ではどのようにご協力いただけますか？」と問いかけてみましょう。高Ｉの保護者が、小中学校と比較してあれこれ要求してくることはよくあります。ですが、そもそも家庭学習や生活習慣の確立などの家庭の役割は学校が肩代わりすることはできません。学校と家庭で協力してお子さんの自律をサポートしていきましょう、と、うまく伝えられるとよいですね。

私は、成績不振の場合は保護者と三者面談する必要があると事前に生徒に周知しています。抑止力になりますよ。二者面談ではなく三者面談にこだわるのは、「言われた」「聞いてない」の行き違いを防ぐ目的と、親子で話し合い、考えるきっかけにしたいからです。このケースの場合は、「宿題の提出状況を逐一教えて」という保護者の要望を生徒に伝えて、どう対応したら良いかを本人と一緒に考えてはいかがでしょうか。

事例 49

進路に関する面談で母親が話し続けてしまい、本人の希望が聞けない

高校３年生の担任です。先日、ふだんおとなしい男子生徒と進路相談のための三者面談を行いました。この生徒は昨年度も私のクラスにいた生徒です。2年生の頃は、進路の希望が描けていなかったので、個人面談を行い、一緒に興味のある分野を探しました。その後、主体的に進路研究を進めている様子が見えたので安心していたのですが、今回の面談ではほとんど母親がその生徒の受験や将来について話し続ける状況になってしまいました。本人に希望を聞こうとしても、口を開く前に母親が遮ってしまい、生徒は委縮している様子でした。生徒の将来のことなので、本人の希望をもう少し母親が聞いて、意志疎通を図ったほうが良い方向に進むと思うのですが、このような場合どうやってサポートするのが良いのでしょうか。

事例㊾へのアドバイス

生徒の進路希望について聞く場合は、三者面談の前に生徒と二者面談を行っておく必要があります。保護者のいる場合といない場合では、かなり様子が違う生徒もいます。保護者には、生徒と進路について家庭でよく話をしたのか聞きます。家庭で話ができていない場合は、三者面談で親子喧嘩が起こることもあります。時間はかかりますが、このように三者面談前に生徒と個別面談を行っておくことが大事です。

本人が保護者のことをどう思っているのか、によって対応が変わってきますね。保護者に決めてもらったほうが安心するという生徒もいます。本人が何も言えずに我慢しているのであれば、昨年から見てきた担任が本人にも発言を促しましょう。面談の場で言うことが難しいのであれば、面談前に「面談前希望調査シート」などを作成して、本人に書かせ、それをもとに保護者との意見の食い違いを整理していくとよいのではないでしょうか。

中堅校では、このパターンはよく見られます。こういう状況では、とにかく本人の意見が出てくるのを待つ環境を作ることが大切だと考えます。我慢できずに母親が喋りはじめたときに、「お母さん、本人の考えを待ちましょう！」と声をかけ、本当に待ってみましょう。静かな生徒でも、きちんと自分の意見をもっているものです。家庭内でも、本人の意見が出るのを待つように母親にお願いするところまで面談で行えると良いと思います。

事例 50

生徒のカンニングを巡って
保護者と関係がこじれてしまった

高校１年生の担任です。先日、英語の単語テストの際、ある女子生徒の机の上にカンニング用のフレーズが書かれていることを発見しました。座席はこの生徒の位置で、本人の筆跡であったため、授業のあとで職員室に呼び出しました。本人はカンニングの事実を認めず、やっていないと強く主張しました。しかし私は、これまでもこの生徒が、隣の席の生徒と不自然なほどに正答・誤答の箇所が一致するなど、カンニングの疑いを強く持っていました。今回のことを保護者に伝えると、「うちの子が書いたという証拠はあるのですか」と食い下がってきました。そればかりか、「常に疑われてうちの子はかわいそうだ」とか、「学校はうちの子をおとしめて辞めさせたいと思っている」、などと突飛なことを言ってきました。決してそのようなことはないのですが、保護者とのこじれた関係をどうすればいいでしょうか。

事例50へのアドバイス

娘の非を認めると不利になるなら、この親子は主張を曲げないでしょう。「疑い」だけで不正を認めさせるのは困難です。認めさせるには確かな「証拠」が必要です。でも、今後繰り返さないよう予防したり、指導したりはできると思います。今後の態度の変容に期待して、社会的に認められない行為は許さないという姿勢を、周囲の教員とも協力して取り続けましょう。保護者との関係修復は厳しいですが、引き続きこの生徒への指導の中で、関係改善の糸口を探っていきましょう。

私なら、保護者に連絡しませんね。「疑わしきは生徒の利益に」が私のモットーです。最初に、机上のフレーズを発見したときに、「カンニングと疑われるから気をつけるように」と注意喚起します。その上で、その生徒が点数に執着する原因を探れると良いですね。保護者とはもうこじれちゃたんですよね。学校に来ていただいて、謝っちゃいましょう。学年主任、管理職にも同席してもらえば、きっとフォローしてくれるはずです。

生徒指導は、試験前に机上を消していなかった事実についてのみ行ったほうが良いと思います。「メモを消し忘れた」という性善説で指導し、消し忘れに関しては、残念ながら、学校の規定に従い、指導をするしかない旨を伝えるだけでよいと思います。保護者には「カンニングするような子ではないが残念だ」という姿勢で接します。生徒本人には、今後、疑われる行動をとらない指導をすることが大事だと思います。

参考資料④

個人面談事前アンケート

生徒名　　組（　　）番 氏名＿＿＿＿＿＿＿＿＿＿＿＿

当日お越しくださる方の氏名＿＿＿＿＿＿＿＿＿＿＿＿

1　下記の期間中で、面談の第一希望日に○を、どうしてもご都合のつかない日に×をつけてください。

月　日（　）	月　日（　）	月　日（　）	月　日（　）	月　日（　）

2　来年度の履修について、特に相談したい項目に○をつけてください（いくつでも）。

（　）履修や単位というものがよくわからない。
（　）履修科目の選び方や選ぶ基準がよくわからない。
（　）生徒本人の進路希望が決まっていないので、履修科目を選べない。
（　）生徒本人の希望した履修科目が、本人の希望進路に適しているのかわからない。
（　）生徒本人と保護者の履修・進路についての思いが一致していないので相談したい。
その他（　　　　　　　　　　　　　　　　　　　　）

3　ご家庭での進路に関する相談の様子についてお聞かせください（いくつでも）。

（　）進路に関する話題は、家族で話題にすることができるし、話題にしてきた。
（　）面談に出席する保護者は進路のことについて本人と相談しているが、家族みんなで話題にするというほどではない。
（　）本人は希望の進路について話すが、保護者の思いとは一致していない。
（　）本人は希望の進路について話すが、保護者の思いを伝えたことはない。
（　）本人は進路のことについて考えてはいるようだが、あまり話してくれない。
（　）本人とは話す機会が減ってきているので、進路のことを考えているかどうか心配だ。

4　その他、用意してほしい資料などがあれば、リクエストをお書きください。

三者面談に保護者が求めることは「わからないことを解決したい」「自分の代わりに子どもに考えを聞いてほしい」など様々です。日時の希望とともに要望を聞いておくことで準備することができます。

職場・仕事関係の悩み

事例51

仕事量の多さにぐったりしてしまい、将来も不安でいっぱい

高校１年生の担任です。初めてのクラス担任で、やる気に満ちあふれています。生徒のことを考えると、やってみたいことばかりです。ですが、**クラス担任って、業務量が多すぎませんか**。例えば朝は早めに出勤して教室を整えて生徒を迎えなければなりません。その後、提出物があれば出席番号順に並べ、欠席者には連絡をする。このように多くの雑務をこなしながら生徒の変化に気付かなければいけない。それをやりがいとも感じられますが、**このペースで仕事をしていると過労死するのではないかという不安もあります**。担任以外の業務も同時進行しなければならない中で、優先順位をつけても、うまくいきません。生徒を励まし、サポートするはずの自分自身が、いつしか生徒の前ではぐったりした表情を浮かべています。この先が心配です。

事例51へのアドバイス

確かに仕事は丁寧にやろうとすればするほど、増えます。一度、ご自分の「～ねばならない」「～すべき」を見直してみてはいかがでしょう。例えば、勤務終了時に教室整備をしてみては？ 提出物の整理は生徒に任せてみては？ 生徒の観察が何より大切であるなら、やはり優先順位を見直す必要がありそうです。周囲の先生方に仕事効率化の工夫を聞いてみるとよいでしょう。その学校ならではの方法なども教えてもらえると思います。

同時並行で行う仕事も確かにありますが、私は他の先生と共同できることは相談し、効率よく行うことで生徒と関わる時間を作っています。できない部分や負担が多いと感じることは、遠慮なく、周りの先生に相談すると良いと思います。ベテランの先生方は様々な仕事の知恵をもっていますので、アドバイスをくれるはずです。ぜひ、相談をしてみてください。

生徒はやる気のある先生が大好きです。優先順位をつけて仕事もできているのは素晴らしい。お寺の修行僧のように一日の型を作りルーチンワークにすることで負担感が軽減される場合があります。次に「やらないこと」を決める。担任仕事の中には個人情報以外の提出物の回収整理など、生徒に『外注』できるものもあります。また、仕事の精選が難しいのであればこそ、家での気分転換は重要です。笑顔で生徒と関われるように全力で気分転換しましょう。

事例 52

早く帰りたいけれど、周りの先生が残っていて帰りづらい

高校２年生の担任です。担任も２年目となり、少しずつ担任の仕事がわかってきました。私は、忙しいからこそ勤務時間内にできることをなるべく多くこなし、早く帰りたいと考えています。仕事だけで１日が過ぎるよりも、プライベートが充実しているほうが穏やかな気持ちで生徒と向うことができますし、そのほかにもメリットが大きいからです。ですが、学年団には仕事をたくさん抱えている先生が多く、皆さん夜遅くまで残るのが常となっています。昨年は周りの先生方の手伝い等も積極的に行ってきたのですが、プライベートの時間を相当量我慢しなければならず、苦痛を感じました。かといって、周りの先生方が必死に画面と向き合っている中、自分ひとりだけ帰るのは気が引けます。このままだと辛いです。どうしたらよいでしょうか。

事例52へのアドバイス

教員は残業代がない分、勤務時間を意識して過ごすことはとても大切なことですね。基本的に考え方に賛同しますし、割り振られた仕事をきっちりこなしているのであれば周囲は気にせず帰ってしまってよいと思います。私は割と遅くまで仕事をしているタイプですが、自分より若い先生が先に帰ることは全く気になりません。穏やかな気持ちで生徒と接するのが一番大切な仕事ですから、無理をなさらないようにしてください。

様子を見ながら、少し早く帰るようにしましょう。中には、遅くまで残って仕事をすることが趣味の教員もいますので、ご自身のやるべき仕事が済んだら、付き合って居残る必要はありません。若いからといって、遠慮する必要はないと思います。翌日、元気に生徒たちに向き合って、楽しく授業をしたり、ホームルーム活動や部活動にエネルギーを注ぎましょう。きっと良い教育効果が表れると思います。

私が民間企業に勤務していたときから実践している方法が3つあります。①「今日急ぎの仕事はありますか？」と聞く、②「家で仕事をするのでお先に失礼します」と言う、③プライベートな事情を少しだけ話しておく、です。①は、どうしても今日すべきことでなければ、帰っていいはずです。許可を取るつもりで聞いてみましょう。②は、仕事への熱意はあるけれど、早く帰りたい意志を遠回しに伝えればわかってもらえます。③は、話せる範囲でプライベートな事情（例：習い事、通院、趣味、家族の事情等）を知っておいてもらうと、周囲の同僚の理解を得やすいです。

事例53

若手に仕事が丸投げされ、仕事量の偏りに不満を感じる

私はいま、担任３年目です。いつの間にか仕事にも慣れ、後輩も増えてきました。最近気付いたことがあります。職員室を見ていると、雑用をはじめ、何か新しい取組みをする場合に若手に丸投げされる状況が非常に多いのです。若手がこれらを経験するメリットは十分承知しています。しかし、残って仕事をする多くの同僚が、本来必要な授業準備の時間がとれず、授業がなかなか思うようにできないと愚痴をこぼしています。先輩たちは「早く帰りなよー」と声をかけてはくれますが、早い時間にほとんど帰ってしまいます。本当に若手が早く帰ったら、来週のLHRの資料は完成しませんよ？　と心の中で突っ込みながら毎日悶々としています。このような仕事量の偏りを解消するよい方法はありますか？

事例53へのアドバイス

先輩教師が帰宅を促すのは、経験上、授業準備は効率化できると知っているからです。丸投げと感じることも、経験させたい、若手の新しい感覚でやってみてほしいと思ってのことでしょう。それでも授業準備の時間が足りないのなら、効率化を進めましょう。一人でなく、チームで取り組みたいと申し出るのです。原案を作って相談する形なら、スムーズにいくはずです。私ばかりが、と思うと負担感も増します。チームで取り組むのが効率化の鍵ですね。

「若いから」「体力があるから」「先が長いから」と若手に期待するフリをして、何でもかんでも若手に仕事を振ってくる人って、いますよね。立場的には断れないでしょうから、たとえあなたが全てをこなすことができたとしても、わざと逐一質問をすることです。「これってどうしたらいいですか？」「わからないので教えてもらえますか？」と。「自分で考えてください」と言われても、「考えたけどわからないから聞いているのだ」と主張して、できるだけ関わってもらうようにしましょう。

最初は仕事を任せてもらうと嬉しい場合もありますし、断って良いのかもわかりませんよね。あなたの理想とする教師像を、まずは明確にすると良いのではないでしょうか。＋αの仕事もバリバリこなす教師になりたいのであれば、多少苦しくても頑張ってしまって損はないでしょう。別の理想像があるのなら、＋αの仕事は安請け合いしないことです。仕事を頑張りすぎてプライベートがうまくいかなくなっても、誰も助けてくれません。

事例 54

先輩からの「好きにやっていいよ」がどういう意味なのかわからない

高校1年生の担任です。私は、修学旅行の担当を任せてもらっています。ベテランの先生が副担当としてついてくれているのですが、約1年後の本番に向け、事前学習の内容を具体的に決めていかないといけません。サブ担当の先生に「どんな内容が良いと思いますか？」と意見を求めると、「若いんだから、なんでも好きなようにやってみればいいよ！」と突き放されてしまいました。正直、授業の準備や部活動の指導等も考えると、0から考えられるほど、時間を十分に確保するのは厳しいです。思えば、いままで他の業務においても、先輩から「好きにやっていい」と言われ続けてきました。しかし、いざ素案を作っていくと反対され、企画を通せないことが多かったです。そもそも、この「好きにやっていい」とは何を意味するのでしょうか。

事例54へのアドバイス

「好きにやっていいよ」は「とりあえず任せる」です。学年会で、修学旅行の目的「何のために」を共有できる機会を設けてもらいましょう。「どんな目的で、どんな所にいくのですか？」と尋ねると、きっと、それぞれの先生方が経験を話してくれるはずです。さらには、互いの修学旅行に対する考えを知ることもできます。その上で、学校で伝統的に引き継がれている行き先は無いか、過去の学年の資料を見て確認しておきましょう。過去に担当した経験者がおいでになれば、話を聞いて、することリストを作っておくと良いですね。「何を」「いつまでに」リストです。まずはあなた自身、修学旅行の目的をどう考えていますか。

これは私もいまだに理解に苦しみます。基本的には、「自分で考えてやってね！」という意味だと認識しています。初めて行う仕事に対してだと、そもそもそんなのは無理な場合が多いと思います。ですので、言われた際には「先生だったらどんな形でやりますか？」と具体的に聞き返してみましょう。後輩を育ててくれる気持ちのある先生ならば、いろいろと教えてくれるはずですよ。

学校ごとにこれまでの「伝統」や「形式」があります。それを踏まえての「好きにやっていい」であって、任されたのは素案となる土台作りです。ベテランは自分の経験に拘ったり、目新しさに欠けたりします。だから若手には期待を込めて「やってごらん！」と言うのです。素案作りは任せても、実際の案は学年または分掌で叩いて叩いて固めていくもの。様々なアイディアを出してもらい、いいとこどりして、あなたの作った土台を実現しましょう！

事例55

仕事後や休日に先輩に誘われて、気が乗らないが断りにくい

初めてのクラス担任で、２年生から学年団に入りました。昨年度までの様子がわからないので、周りの先生に聞いたり、これまで作られた資料を見たりしながら進めています。こちらが聞いたことは教えてくれるのですが、困ったことがあります。**私はひとり暮らしなので、夕食を自炊したいのですが、先輩に毎晩食事に行こうと誘われます。**そこで担任としての話を聞けたり、相談できたりすると考えてご一緒しているのですが、正直なところ、**毎回同じ話ばかりで時間とお金を無駄にしている気がします。**その時間とお金があれば、好きなことに使えるし、授業の準備も進むのに、と思ってしまいます。また週末には、教材研究の一環だと言われて博物館に誘い出されますが、気が乗らないまま同行しています。何かいい方法はないでしょうか。

事例55へのアドバイス

全く無意味、とまでは思いませんが、毎日だったり週末まで誘われるとなると相当ストレスが溜まりますね。何より、お世話になっている面があるでしょうから、そこがとても質が悪いですね。気が向かない日は断るのが一番です。断るのがどうしても苦手な場合は、夕方の時間にさりげなく教科の準備室に籠って教材研究をしてやり過ごすのもお勧めです。

先輩は、公私混同していると思います。たまに食事に付き合うことはわかりますが、毎日は異常です。まずは、毎日食事に行くことは経済的にも精神的にもきついと断ることが大事です。教材研究に博物館が題材になることはお礼を言ってもよいかもしれませんが、自分が行ける日に行くことを伝えればよいだけの話です。その上でしつこく何か言われるなどの問題が起こるようであれば、上司や周りに相談してみると良いかもしれません。嫌なことは嫌と言える職場環境づくりをしないと、そのわがままな先輩に付き合い続けることになります。

面倒見の良い先輩のようですね。素直に後輩ができてうれしいのだと思います。ただ、ご本人もよいことをしているという意識が強いのであなたの気持ちまで気が回っていないようです。誘われた際に、ありがたいのですが普段は健康と貯蓄のために自炊をしたいので外食は控えたい、気が乗らないのであれば、週末は用事（内容は言わなくてよい）があるからいけない旨を素直に伝えればよいのではないでしょうか。話せばわかってくれると思います。

事例56

わからないことについて先輩に相談するタイミングがわからない

高校１年生の担任です。年度末になり、指導要録のデータを入力することになりました。勤務校では、指導要録作成用のエクセルファイルがあり、生徒一覧の表に特別活動の記録等を入力していきます。学年教務担当から簡単な説明があり、各自で時間のある時に進めてくださいと指示を受けました。複雑な内容ではないと判断し、早めに入力し、教務担当に報告をしました。すると、内容を見て「部活動名などが正式名称ではないですね。それと、この生徒は年度の初めのころに部活動を辞めているので、入力しないでください」と注意されました。聞かなかった私も悪いのですが、教務担当の先生は　忙しそうで、正直相談できる空気ではなかったです。この件に限らず、どの段階で相談したらお互いの手間にならないかがわかりません。一から質問するのと、ある程度できてから確認するのとどちらがよいのでしょうか。

事例56へのアドバイス

　指導要録の書き方の本って、きっと学校のどこかにありますよ。副校長にでもお聞きになってはいかがですか。その上で、教務の仕事は時期によってものすごく緊張を強いられる分掌です。どうしても、教務関係のことをお聞きになりたいときは、質問項目をまとめておいて、「○○と△△と□□についてお尋ねしたいのですが、いつ頃伺えばお邪魔になりませんか？」と、聞いてみれば良いのではありませんか。ただ、生徒の部活名の記載や大会名の記載が異なって困るのはあなただけはないはずです。学年会の議題として、皆さんと共有し合いお知恵を拝借しましょう。

　指示された仕事に早めに取り組むのはよいことですね。ですが事前の確認はしなければなりません。どの仕事にもその職種や職場なりの手順があるものです。担当者が忙しそうにしていても、初めての仕事なら方法を確認してから始めましょう。きちんと順番を踏まえた仕事ぶりを悪く言う人はいないはずです。校内の事務的な作業なら修正ですみますが、外部と関わることに間違いは許されません。手間より、仕事の正確さを優先しましょう。

　周りの教員は、若手がどこまでわかっているかを把握して指示しているわけではないので、わかっている前提で依頼される場合もありますよね。そのときは、自分がわからないところを明確にして、早めに聞いたほうがいいです。この場合、教務担当が忙しそうならば、１つ上の学年団に聞いてみればいいのです。期日が迫ってから聞いたり、わからないまま放置しておいたり、わかったつもりで誤ったことをしたりするほうが良くありません。

事例57

周りがみんな忙しそうで、誰に聞いたらよいかわからない

高校１年生の担任です。これまで時間講師をしていましたが、担任をするのは初めてです。学年団の先生たちは、「わからないことがあれば何でも聞いてね」、と言ってくれて初任者の私に優しく接してくれます。しかし、誰に何を聞いていいのか、どこまでのことを聞いていいのかわかりません。例えば、年休の取り方にしても制度や申請の仕方が複雑で、誰に聞いていいのかわからず、時間ばかりかかってしまいます。他の先生たちはいつも忙しそうで、声をかけるタイミングが難しいです。それに、「そんなことも知らないのか」、と思われたくなくて、いつも遠慮してしまいます。担任の仕事についても、先輩の先生たちに聞けばいいのですが、嫌な顔をされるのが怖くて、本を読んだりネット検索したりしています。いったい誰を頼ったらいいのでしょうか。

事例57へのアドバイス

　教科に関することは同じ教科の先生に聞く。ホームルーム経営に関することは、学年主任や特別活動に詳しい先生に聞く。年休の取得方法など、教員の働き方に関することは教頭（副校長）に聞く。わからないことは、周囲の先生に聞いて教えてもらう。「そんなことも知らないのかと思われたくない」「嫌な顔をされるのが怖い」などと言っている場合ではありません。変なプライドは捨てて、早く仕事を覚えることが重要です。

　とりあえず、学年の主任、教科の指導教諭、副校長、どなたが一番聞きやすいですか？ 次に、その方が何でもわかるとは限りませんから、「○○のことをお尋ねするには、どなたに伺えば良いですか？」と聞いてみましょう。わからないことだらけの日々は、誰もが通ってきた道です。「そんなことも…」なんて思う人はいませんよ。ちなみに、私が最初に教えていただいたことは、印刷してバラバラになってしまったプリントのそろえ方…でした。

　誰を頼ってもいいのです。わからなかったら、誰にでも声をかけるのです。その際、「お忙しいところすみません」という言葉を常に添えて、謙虚に質問しましょう。調べたほうが早いと思うかもしれませんが、質問したときに、きちんと答えてくれた先生やわからなくても対応しようとしてくれた先生を信頼していけばいいのです。初任者や異動したばかりのときは、知らないことがあって当たり前です。その学校独自のルールが存在する場合もあるので、自分で勝手に判断せず、忙しそうでも聞いてみることです。

事例58

周りの先生が何かとPCの使い方を聞いてきて時間を取られてしまう

高校２年生の担任です。今年は担任２年目となり、計画的に校務を行えるようになりたいと思っています。単純作業はなるべく効率的に行いたいので、毎年使うエクセルファイルに関数を組むなど、＋αの工夫にも挑戦しています。大学時代からもともとPCは好きでしたが、学校で使うような技術に関しては初心者ですし、いまでもインターネットで調べながら方法を模索しています。そんな私を見て、周囲の先生たちはPC関係のことはすぐ私に質問にきます。初めは役に立てることが嬉しかったのですが、簡単な質問を何度も受けるうちに、だんだん苦痛になってきました。１回が３分でも、蓄積するとかなり多くの時間を取られてしまうのです。PCの使い方は特に、検索すればすぐにわかることが多いのですが、どうしたら先輩方は自分自身で調べてくれるようになるでしょうか。

事例58へのアドバイス

羨ましいですね、周囲から頼りにされる強みがあるなんて。「チームで仕事」とはいえ、教えてもらうばかりで返せないとストレスになります。あなたも校務のあれこれを先輩から教えてもらいましたよね、教務手帳や出席簿の記入方法、保護者対応のあれこれ。1回が3分でも蓄積するとかなりの時間が…。おわかりでしょうか？ お互い様ですよね。気軽に聞かれるのは信頼されているから。ぜひ、強みを生かしてよい仕事環境を作ってください。

何度も聞かれた事柄について、メモ程度で良いので、マニュアルを作っておくのも一方法です。年寄りは物忘れをしますし、自分で調べることが面倒なのです。それでも同僚であるなら、一緒に仕事をしなければなりませんし、同じ質問を何度も聞かなければならないこともあるでしょう。自力で調べられるように、簡単なメモ書き（マニュアル）を作って渡すようにすれば、少しは質問の回数が減ると思います。

私はこの手の「ガラパゴス化症候群」の先生方には、「この前にもお伝えしましたよ」と繰り返し言うことにしています。1回が3分であれば、それで完結したいのです。こういう先生に限って、生徒には「何回も同じことを言わせるな」と言ったりするものです。生徒に言うように、覚えられなかったらメモを取ってもらい、忘れているようなら、前にも伝えたことを思い出させるのです。教員同士が互いに自律すると、職場環境は改善されるはずです。

事例59

隣の先生が、他の先生の情報を一方的に吹き込んでくる

高校３年生の担任です。私の隣の席の先生の発言に振り回されて困っています。その先生は、とても明るくて元気な先生なのですが、常に先入観を植え付けてきます。先日、私のクラスの生徒の進路について何気なく相談をしたところ、進路部の先生の批判が始まったのです。「○○先生は生徒をひいきするから気を付けたほうがいい」とか、「△△先生は熱心だけど過去に生徒を泣かせたことがある」とか、真実かどうかわからない情報まで話してきます。私は仕方なく、その場を笑顔で受け流しましたが、○○先生とは部活動の顧問を一緒にしているため、いろいろな情報を聞いてしまうと接するときに身構えてしまいます。私が気にしなければ済むことかもしれませんが、うまく交わす方法はあるでしょうか。

事例59へのアドバイス

そのお隣の先生は同意してくれるお仲間がほしいのでしょうね。注意すべきは、相づちでも打とうものなら○○先生もそう言っていたと他の方に言われる恐れがあります。その方から聞いた情報が役に立ったことが一度でもあれば時々聞いて、「そんなこともあるのですかねぇ」「私には想像もつきませんねえ」などと肯定とも否定ともつかない言葉で受け流しておけばよいと思います。何よりもご自身の目と判断を信じて過ごして下さい。

私の経験から言えば、批判や悪口は言っている本人のコンプレックスの裏返しや保身です。自尊心を守りたいために、あるいは味方を増やしたいために、それを危うくする人を攻撃して心の安定を求める。そう考えると周囲の人間関係の見え方が変わり、自分のふるまいも気を付けることができるようになりました。これまで通り受け流して、あなたはあなた自身の距離感で他の先生方とお付き合いすればよいのです。振り回されないようにしましょう。

私はこの手の「主観的決めつけ症候群」の先生には、「そうなんですね」としか返事をしないと決めています。心の中では、「それってあなたの主観ですよね、何か証拠となることはあるのですか。いまの私に有効な情報ではないですよね」とつぶやいています。相槌を打ったり、同調したりすると、興味があると思われて、噂話がエスカレートして色んなことを決めつけて話してくるので、注意が必要です。「そうなんですね」と無関心を装いましょう。

折に触れて昔話をしたがる ベテランの先生がいる

２年前から一緒に担任団を組んでいるベテランの先生がいます。その先生は、生活指導をメインで担当してくれており、頼りになりますし、勉強させてもらっています。しかし、事務作業は苦手なようで、よくPCの使い方等を私に質問してきます。得手不得手がありますし、私もたくさん助けてもらっているのでお互い様だと思っているのですが、やり方をお伝えすると、そのあとに必ず昔の話を聞かされます。「昔は先生ってもっと尊敬されていてね」とか「昔はテストが終わるとみんなでスキー場に行ったんだよ」といった内容です。正直、その頃のいわゆる古き良き時代の環境に今後戻ることは無いと思いますし、かえっていまの環境を苦しく感じてしまいます。前向きな話ならば得るものもありますが、ただ単に他の仕事をするための時間が減ってしまって困っています。解決する方法はないでしょうか。

事例60へのアドバイス

昔の話をするのは、相手に認められたい気持ちの現れだそうです。自分だって若い頃は頑張ってたんだ、とあなたの仕事ぶりを意識してのことかもしれません。話をそらすと尊重されていないと感じ、しつこくなる可能性も。「すごいですね」など相手を認める相槌で好意的な関係を築き、「すみません、今日はせっかくのお話を伺う時間がなくて」と断れるようになりましょう。実際、無駄と思える話にも貴重な経験談も含まれているかもしれませんよ。

「あーそうですか。よくわかりました」などと相槌を打って、適当に聞き流して下さい。昔話を聞く暇もないですし、価値も見出しにくいと思います。適当にあしらうことも大切です。あなたがその先生の話を聞いてあげるから、つい、うれしくて話をするのではないでしょうか。受け流すようにすれば、だんだん、話をする回数が減ると思います。お互いに仕事が忙しいと思いますので、時間を無駄にしないようにしましょう。

私はこの手の「昔ばなし症候群」の先生には、「時代は変わるものですね」としか返事をしないと決めています。この先生が生きてきた時代、学校文化を作ってきた時代というのは尊いことでしょうが、時代は変わっていくのです。若手もいずれ、後輩に「それって古いですね」と言われてしまう時代がくるのです。過去の栄光を否定する必要はありませんが、そこにすがっていては、新しいものを吸収できなくなってしまいます。昔ばなしはそれとして、これから先の時代の生徒のことを考える時間に充てたいですよね。

事例 61

前任校の自慢や勤務校の悪口ばかり言ってくる同僚がいる

高校２年生の担任です。新規採用されてすぐに初めての担任になりました。同時期に異動してきた先輩の先生が、同じ学年団になったこともあって、初日から雑談もできるような関係になりました。ですが、その先輩が、口癖のように「前の学校は」と学校を比較して話してきます。私は、最初のうちは、前の学校のことを知ることで、これからの教員生活や担任の仕事の参考になるかもしれないと思って聞いていました。しかしそれは、その先生の自慢話であったり、この学校の悪口であったりするのです。また、私の出身校の恩師と知り合いらしく、恩師の聞きたくない情報まで話してきます。時には世間話は必要だと思いますが、この学校でこれから頑張りたいと思っているときに、正直言って不快です。どうしたらよいでしょうか。

事例61へのアドバイス

「前の学校は」と言うなと教えられた記憶があります。なんでも比較するのは間違いです。高校は学校ごとに違いがあります。生徒の気質も能力も違います。伝統も異なります。地域性も影響しています。いま勤務する高校で役立つ情報ならともかく、単に「前の学校は」と言って比較しても始まりません。その先生の話はほどほどに聞いておけば良いでしょう。気にする必要は全くありません。

正直にその先輩には、「私にとっては尊敬する担任の先生ですから、不愉快ですので、悪く言わないでほしい」という話をした方がいいです。教員の世界では悪口は基本的にご法度だと思います。そのような話が続くようであれば、「前の学校の良い点をこの学校にどのようにしたら生かせると思いますか？」や「先輩が得意な・・・など、この学校でどのように生かしていますか？」など、先輩に結果として仕事が増えて困るような質問をしてみると、変な自慢話や悪い話は減るように思います。

私はこの手の「前の学校が忘れられない症候群」の先生には、「なるほど」としか返事をしないと決めています。業務に関することや、実のある雑談ならば、相手の話を受けとめて興味をもってもいいと思いますが、不快に感じているのであれば、「受け流す」ことも必要です。興味もないのに質問をしたり、作業の手を止めて聞き入ったりする必要はありません。あまりに不快な場合は、用事を思い出したふりをして、職員室の席を一旦離れてみるのも効果的です。

事例62

こんな仕事がやりたくて教師になったわけではない

高校１年生の担任です。希望していた教職に就けて、担任もできてうれしいと思っていたのですが、最近、その気持ちに陰りがあります。赴任したとき、本校はもともと生徒指導の多い学校だと聞かされたので、ある程度の心構えはありました。しかし、授業中の廊下の巡回や、朝の生徒指導、生徒同士のトラブルの仲裁や、校外での問題行動の対応まで、授業以外の業務がたくさんあります。それだけでなく、部活動に力を入れている学校なので、朝から夜遅くまで指導をしなければならず、授業の準備が全くできません。せっかく大学院まで出て、海外留学を３年間もして、その生きた英語力を授業に活かそうと思っていたのに、教えている内容は中学英語レベルです。このような仕事をするために、教師になったわけではないのです。このモヤモヤした気持ちを解消するすべが見つかりません。

事例62へのアドバイス

あなたの教師に関する職業観や、人生観と比較したときにあまりにも大きな差があるのであれば、教科指導だけが職務となっている時間講師などの道も考えても良いかもしれません。ただ、いま目の前にいる生徒と正面から向き合い、その生徒たちの英語の力を伸ばすことができたらそれは本当に素晴らしいことだと思います。チャレンジする価値はとても大きいと思うのですが、どうでしょうか？

私の所属校も同様な学校です。現任校で、もっているスキルを必ずしもすぐに生かせるわけではないです。ですが、英語の初心者にわかるように教えるスキルがその学校で修行できると考えれば、スキルがプラスされるわけです。そこからスタートして、生きた英語を教えることができるレベルまで、生徒のやる気を引き出す努力をすることが大事ではないでしょうか。生徒たちが英語を好きになれば、それは可能だと思います。生徒が英語を苦手だと思うようになった原因は必ずあります。教える時間は限られていると思いますが、その中で、苦手意識を克服する取り組みを行い、英語好きを増やすことが、生きた英語を教える環境につながってくると思います。

公教育では様々な家庭環境の生徒と関わります。学校で求められる力も多様です。留学して多くを学んできたのであれば、出会った生徒に学校で共通して教えること以外に生きた英語を武器にもたせて送り出してあげればいいのです。また、現在は数年に一度、学校間の異動があります。その際管理職に自身がやりたいと考えている授業や赴任したい学校について希望を伝え異動できる場合もあります。待てなければ私学の進学校に転職するときっと希望の授業ができますよ！

第1～4章　事例回答者の紹介

※実際の執筆者のプロフィールとは若干異なります。

名前	プロフィール
K先生	教職8年目。生徒たちからお兄ちゃんと慕われる存在。これまで中堅校2校に勤務し、ICTにも強い。担当教科は理科。趣味は散歩とカラオケ。
M先生	教職10年目。ドライな性格がウリ。民間企業を経て、進学校、困難校、専門学科と幅広く経験。担当教科は商業と情報。趣味は古墳めぐり。
J先生	教職15年目。中堅校、困難校、定時制と幅広く経験。相談しやすいおばちゃん的存在。担当教科は数学。趣味は読書と占い。
S先生	教職20年目。専門が工業のため、工業高校ひとすじ。他県での勤務経験あり。性格は真面目で情熱的。趣味は登山と弓道。
Y先生	教職25年目。進学校から困難校まで幅広く経験し、「どんな時でもポジティブに」がモットー。担当教科は地歴、公民。趣味はスポーツ観戦。
H先生	教職30年目。中堅校、困難校を長く経験し、担任はお手のもの。人の世話が好きで根っからの社交的教師。担当教科は国語。趣味は旅行。
U先生	教職35年目。困難校や定時制を長く経験。「ひとりも退学させない」がモットー。担当教科は地歴、公民。趣味は家庭菜園。

おわりに

高校をはじめ、学校は多忙です。さらに、担任になると仕事量が激増します。事務仕事はマニュアル化できますが、担任業務の多くは人間（生徒・保護者等）が対象のため、場面ごとの対応が必要になります。適切な対応をするには、担任としての基本姿勢を身に付けることが重要です。序章では「普遍的な担任の仕事」や「担任の心構え」など、担任の本質的な事柄について説明しました。10年後も変わらず役立つ内容です。

若い先生の「悩み」はアンケート調査やインタビュー調査等を行って集め、よくあるものから選びました。アドバイスの回答者は、教職の経験も年数も異なるベテラン・中堅・若手の教師で、ホームルーム活動に意欲的に関わっている方ばかりです。書き手が違えば視点が異なり、アドバイスの内容は様々ですが、いずれも読者、そして生徒への愛に満ちています。

若い先生だけでなく、担任の仕事に戸惑いや不安をお持ちの先生、さらに「もっと良いやり方があるのではないか？」「もっと生徒に役立つ方法はないか？」と考えるベテランの先生にも本書を読んでいただき、解決の糸口を見つけてもらうことも想定しました。

コロナ禍のため、編集会議はリモートで行い、苦労の多い執筆作業でしたが、執筆者のみなさんの献身的な協力のおかげで完成することができました。編集担当の戸田幸子さんには、本書の企画段階から完成まで、徹底的に助言していただきました。本書の制作に携わったみなさまに、心より感謝申し上げます。ありがとうございました。

本書が高校の先生方の役に立つことを心から願っています。

編著者　梅澤秀監

執筆者一覧（○は編著者、以下五十音順、所属は執筆当時）

○梅澤　秀監　　東京女子体育大学　（特任教授）
　秋山　樹里　　東京都立駒場高等学校
　黒尾　　信　　東京都立向丘高等学校
　佐藤　壮悟　　東京都立荒川工業高等学校
　鮫島　　央　　東京都立武蔵丘高等学校
　鈴木　公美　　東京都立北園高等学校
　北條　悠子　　東京都立青山高等学校
　峯岸　久枝　　東京都立武蔵高等学校

＊本書の 62 の事例についての他の先生からの回答が下の URL から
　ご覧いただけます。
　http://www.gakuji.co.jp/koukou_tannin_kihon

高校クラス担任の基本とQ&A　正解は1つではない

2021 年 4 月 29 日　初版第 1 刷 発行
著　　者　高校ホームルーム経営研究会
発 行 者　花岡萬之
発 行 所　学事出版株式会社　〒 101-0021 東京都千代田区外神田 2-2-3
電話　03-3255-5471（代表）　http://www.gakuji.co.jp

編集担当　戸田幸子　　装丁・本文レイアウト　高橋洋一
イラスト　三浦弘貴　　印刷・製本　精文堂印刷株式会社

　ISBN 978-4-7619-2715-8 C3037
落丁・乱丁本はお取替えします。